La fin du monde

21 décembre 2012

ÉDIMAG
PRÈS DU PUBLIC

ÉDIMAG
PRÈS DU PUBLIC

C.P. 325, Succursale Rosemont,
Montréal (Québec) CANADA H1X 3B8
Téléphone: 514 522-2244
Internet: www.edimag.com
Courrier électronique: info@edimag.com

Correction: Paul Lafrance, Pascale Matuszek
Infographie: Echo International inc.

Dépôt légal: deuxième trimestre 2008
Bibliothèque et Archives nationales du Québec
Bibliothèque nationale du Canada

ISBN: 978-2-89542-274-7

Québec Canada

L'éditeur bénéficie du soutien de la Société de développement des entreprises culturelles du Québec pour son programme d'édition.

Gouvernement du Québec - Programme de crédit d'impôt pour l'édition de livres - Gestion SODEC.

Nous reconnaissons l'aide financière du gouvernement du Canada par l'entremise du Programme d'aide au développement de l'Industrie de l'édition (PADIÉ) pour nos activités d'édition.

611

TABLE DES MATIÈRES

À ma fille,
à son avenir.

Édimag inc. est membre de l'Association nationale des éditeurs de livres (ANEL)

NE JETEZ JAMAIS
UN LIVRE

La vie d'un livre commence à partir du moment où un arbre prend racine. Si vous ne désirez plus conserver ce livre, donnez-le. Il pourra ainsi prendre racine chez un autre lecteur.

DISTRIBUTEURS EXCLUSIFS

POUR LE CANADA ET LES ÉTATS-UNIS
LES MESSAGERIES ADP
2315, rue de la Province
Longueuil (Québec) CANADA J4G 1G4
Téléphone: 450 640-1234
Télécopieur: 450 674-6237

POUR LA SUISSE
TRANSAT DIFFUSION
Case postale 3625
1 211 Genève 3 SUISSE
Téléphone: (41-22) 342-77-40
Télécopieur: (41-22) 343-46-46
Courriel: transat-diff@slatkine.com

POUR LA FRANCE ET LA BELGIQUE
DISTRIBUTION DU NOUVEAU MONDE (DNM)
30, rue Gay-Lussac
75005 Paris FRANCE
Téléphone: (1) 43 54 49 02
Télécopieur: (1) 43 54 39 15
Courriel: dnm@librairieduquebec.fr

Des calendriers et des hommes

Le calendrier est un système de repérage du temps. Il a été inventé par les hommes pour diviser et organiser le temps sur de longues durées, mais aussi sur de courtes périodes. Ce système a permis aux sociétés de coordonner les activités et les rituels, que ce soit pour l'agriculture, pour la religion ou pour célébrer des événements importants. La création des calendriers est un geste d'existence et d'affirmation. «Les hommes par cette réalisation, se définissent eux-mêmes dans leur rapport avec le cosmos et le temps. Ils disent leur place dans la Création. Ils existent. L'inscription dans le temps suit une inscription dans l'espace», mentionne Eric Roulet dans *L'histoire ancienne du Mexique selon Mariano Veitia (XVIIIe siècle)*.

L'invention du calendrier a permis aux hommes d'ordonnancer leur histoire et leurs souvenirs. En telle année, à telle date, il est arrivé ceci, nous avons fait cela. Ce repérage a participé à la transmission de la mémoire d'une génération à l'autre, d'une époque à une autre.

Même s'il y a eu de très nombreux calendriers dans l'histoire des peuples, la journée a été la mesure la plus commune, car l'alternance du jour et de la nuit est universelle. Jusqu'à récemment dans l'histoire, l'utilisation de calendriers totalement différents ne créait pas de problèmes importants, car les contacts entre peuples étaient peu fréquents.

Avec la rapidité des déplacements sur de grandes distances et avec les liens plus étroits et les échanges plus constants entre les peuples des quatre coins de la Terre, l'utilisation d'une mesure du temps standardisée s'est imposée. La notion de fuseaux horaires apparut, et la concordance des dates, des mois et des années devint cruciale.

Entre le 15e siècle et le 20e siècle, les empires anglais, français, espagnols et portuguais dominaient le monde. Leurs colonies se comptaient par dizaines sur tous les continents. La civilisation européenne étant prédominante, c'est le calendrier grégorien (celui que nous utilisons encore aujourd'hui) qui s'imposa tout naturellement[1], sur une période de plusieurs siècles.

Le calendrier grégorien fut conçu pour corriger la version imparfaite de son prédécesseur dans le monde occidental, le calendrier julien mis en application par Jules

César en 46 avant J.C. Le nom «grégorien» provient de son instigateur Grégoire XIII, pape de 1572 à 1585. Le calendrier grégorien démarre à l'an 1, qui est une estimation de l'année de la naissance de Jésus-Christ.

L'imperfection du calendrier julien faisait que l'année était trop longue de 11 minutes et 14 secondes en rapport avec la course de la Terre autour du Soleil, ce que l'on appelle l'année solaire.

Quoique plus précis que le calendrier julien, le calendrier grégorien comporte tout de même un problème: la durée de l'année solaire (365 jours, 5 heures, 48 minutes et 46,02 secondes ne peut se diviser de façon exacte par le nombre de jours dans une année (365). La solution pour corriger ce problème a été d'ajouter un jour aux années bissextiles. Une année bissextile étant divisible par quatre et pas par 100, sauf si elle est divisible par 400.

1. Aujourd'hui, quelques pays n'utilisent pas le calendrier grégorien: Afghanistan, Arabie saoudite, Éthiopie, Iran, Pakistan et Viêtnam.

Les pays qui utilisent le calendrier grégorien associé à un autre calendrier sont: Algérie, Birmanie, Cambodge, Chine, Égypte, Érythrée, Inde, Israël, Irak, Jordanie, Koweït, Libye, Maroc, Mauritanie, Mongolie, Népal, Oman, Qatar, Soudan, Syrie, Taïwan, Thaïlande, Tunisie et Yémen.

Sans ces correctifs, chaque année serait trop courte de 0,2422 jour et, sur un siècle, le décalage sur l'année solaire serait de 24 jours environ.

Pour leur part, les Mayas avaient établi non pas un calendrier, mais un système très complexe dans lequel s'intégraient plusieurs calendriers. Obsédés par le temps et par l'observation astronomique, et en parfaite maîtrise des calculs complexes, les Mayas avaient réussi à établir la durée de l'année solaire de façon plus précise que les astronomes qui ont conçu le calendrier grégorien, quelques siècles plus tard.

Nulle part ailleurs sur la Terre et à aucune autre époque, le temps n'aura été une telle obsession pour un peuple. C'est en partie pour cela qu'aujourd'hui les regards commencent à se tourner avec une certaine inquiétude vers la fin du compte du temps des calendriers mayas en décembre 2012.

Introduction

La continuité du monde et les Mayas

Selon les croyances mayas, la continuité du monde se tisse au fil du temps dont la course prend la forme d'une boucle, comme une ceinture qui revient sur elle-même à intervalles très réguliers et prévisibles. Le temps pour ce peuple mystérieux était cyclique et l'avenir rejoignait le passé comme le soleil qui se lève le matin rejoint le soir pour réapparaître le lendemain. Les cycles et les recommencements liaient le passé, le présent et le futur pour une plus large compréhension du monde et pour favoriser sa progression vers un stade plus évolué. Pour les Mayas, la chronique du temps et des événements tant célestes que terrestres avaient une importance capitale. Le récit du temps assurait une certaine cohésion dans la culture et dans la suite du monde. L'histoire sacrée du temps, comme la Bible pour les chrétiens, était le récit de la création du monde et des grands bouleversements de l'évolution.

Sur le fil continu du temps, le passé était sectionné en âges. Ces cycles étaient séparés entre eux par des périodes de cataclysmes qui faisaient que le monde, d'un âge à l'autre, était anéanti pour renaître. Les cendres de l'ancien monde servaient de fondement au nouvel âge.

La science de l'astronomie chez les Mayas était la pierre angulaire de toute leur vision du temps et du monde. Comme une charpente extrêmement complexe, leurs multiples calendriers servaient à conserver le registre de leurs observations célestes et à les transposer aux événements de la vie des hommes sur terre. Ces observations et tous les calculs mathématiques très élaborés qui en découlaient n'étaient probablement pas seulement motivés par une volonté de comprendre le cosmos au sens strictement scientifique. Les Mayas avaient aussi des objectifs divinatoires que l'on pourrait associer à l'astrologie.

Une des conclusions de ce mélange d'observations du cosmos, de calculs mathématiques très élaborés et de divination prévoit un arrêt du temps en décembre 2012, au moment du solstice d'hiver. Cette date marquera la fin d'un cycle important. Un nouveau cycle commencera après la destruction de l'ancien monde, comme pour les autres cycles antérieurs, depuis la création de l'univers.

«Pour les Mayas, il y a eu déjà quatre soleils qui se sont éteints les uns après les autres. Dans ces quatre âges, l'espèce humaine a été anéantie par des inondations, par des tremblements de terre, par un embrasement général et par l'effet des ouragans. Après la destruction du quatrième soleil, les ténèbres ont couvert le monde pendant vingt-cinq ans. C'est au milieu de cette nuit profonde que le genre humain a été regénéré. Alors, les dieux, pour la cinquième fois, ont créé un homme et une femme», décrit M. De Larenaudière dans *L'Univers - Histoire et description de tous les peuples*, publié en 1843.

Ce moment charnière sera marqué par un changement, mais selon le calcul du calendrier maya, il s'agira d'un tournant majeur pour toute l'humanité. La fin de ce cycle, en 2012, coïncidera de façon étonnante (mais calculé avec précision par les Mayas) avec l'alignement de notre planète, du Soleil et du centre de la Voie lactée.

Qu'en est-il vraiment? Que signifie la fin de ce grand cycle de 26 000 ans lié à un autre phénomène astronomique rare, la précession des équinoxes? Qu'arrivera-t-il au juste le 21 décembre 2012? Depuis des années, plusieurs experts y vont de leurs interprétations plus ou moins en accord avec deux grandes tendances. Les uns vont dans le sens d'un événement apocalyptique, d'une catastrophe, une sorte de fin du monde qui pourrait détruire une bonne partie du monde vivant. En somme, la répétition de grandes catastrophes planétaires qui sont survenues dans l'histoire de notre planète. Pensons, entre autres, à l'extinction des dinosaures avec, toutefois, une importante variante: cette fois-ci, il n'y aura aucun dinosaure, mais plutôt entre six et sept milliards d'êtres humains. De plus, ce cataclysme pourrait être provoqué par l'homme lui-même.

Il y a aussi un autre mouvement, moins homogène, qui va dans le sens de la fin d'un monde. L'année 2012 marquerait le début d'un renouveau à l'échelle planétaire élevant les consciences et les âmes. Parmi l'amalgame de théories que regroupe cette tendance, on trouve la croyance en une race supérieure et extraterrestre qui serait déjà prête à intervenir pour faire bénéficier l'humanité de sa sagesse et de son savoir. On trouve aussi des théories sur les conséquences de l'alignement très rare du centre de notre galaxie et du Soleil au solstice d'hiver de l'année 2012. Comme lors d'une éclipse, le contact entre le rayonnement provenant du centre de la Galaxie serait, toujours d'après certaines idées issues des mouvements ésotériques, modifié par la présence du Soleil. Cet événement cosmique aurait été d'une grande importance pour les Mayas et il se produit tous les 26 000 ans. Le calendrier maya indiquerait que cet alignement concorderait avec la fin du temps ou encore avec la fin d'une ère. Il y a aussi ceux qui pensent que 2012 marquera l'avènement d'un nouveau cycle vibratoire qui est en accélération et dont les répercussions se font déjà sentir.

L'année 2012 serait un point temporel autour duquel se produiront des événements qui mèneront à une évolution collective et individuelle. La race humaine a évolué de façon prodigieuse depuis quelques siècles et, comme l'écrit Barbara Hand Clow dans son récent livre *The Maya Code*: «Il n'y a que 400 ans à partir du moment où nous sommes passés d'une perspective géocentrique* (tournée vers la Terre) à une vision héliocentrique* (tournée vers le Soleil). Actuellement, tandis que ce baktun[1] tire à sa fin, nous sommes en train de passer rapidement à une perspective galactocentrique* (orientée vers la Galaxie*). La plupart des gens n'ont que très récemment appréhendé la rotation de notre système solaire autour du centre de la Voie Lactée, notre galaxie, l'une parmi les milliards d'autres galaxies dans l'univers.»

Cette prise de conscience de notre présence et de notre position dans le cosmos engendrerait des conditions favorables et indispensables pour amorcer une révolution spirituelle. La fin de certains cycles temporels importants, comme celui qui se terminera le 21 décembre 2012, serait le catalyseur et l'indication qu'une marche de l'évolution doit être gravie. Cette évolution spirituelle serait une étape qui ferait passer l'humanité à un autre stade, essentiel à la continuité du monde. Un peu comme ce que l'humanité a vécu avec

1. Baktun: unité de mesure de temps pour les Mayas, équivalent à 144 000 jours.

* Tous les mots suivis d'un astérisque figurent dans le lexique en page 131.

l'apparition du langage et, plus tard, de l'écriture. Comme l'ont aussi été l'avènement de l'ère industrielle et de l'informatique. À la suite de tels stades évolutifs, l'après ne peut plus être comme l'avant.

Ce qu'il y a de particulier, entre autres, à l'approche de 2012, c'est que l'évolution de la race humaine et la course du temps ont connu une accélération phénoménale comme il n'y en a jamais eu auparavant.

***

Je ne suis pas un fervent des annonces de fin du monde. Je ne suis pas non plus d'emblée très attiré par certaines théories ésotériques un peu farfelues. Par contre, j'ai toujours été en faveur d'une ouverture d'esprit qui ne se limite pas seulement au test des preuves scientifiques. C'est une des raisons pour lesquelles j'ai entrepris la rédaction de ce livre. Par différentes circonstances, reliées à cette histoire de calendrier maya et de prophéties pour 2012, j'ai été poussé à me mettre à la recherche d'un sens à tout cela.

Je crois que l'impulsion la plus forte est venue d'une petite fille de 3 ans dont je suis le père. C'est en partie pour tenter d'exorciser mes fantômes et mes craintes et pour leur donner la parole que j'ai fait ces recherches, car en même temps que mon enfant éveillait en moi une certaine conscience du monde, elle faisait aussi naître un sens des responsabilités beaucoup plus large que celui dont je m'enorgueillissais avant. Nous pouvons avoir un sens des responsabilités dont les contours sont plus ou moins bien définis, envers nous-mêmes, envers notre famille immédiate, envers nos amis. Nous pouvons avoir un sens des responsabilités professionnelles, mais personnellement, le fait d'être parent m'a amené à développer un sens des responsabilités qui va tout naturellement de pair avec une volonté farouche que le monde aille vers une amélioration des conditions de vie. Je souhaite de tout mon cœur et de toute ma raison que ma fille puisse vivre dans un monde meilleur, un monde où elle pourra être heureuse et qui sera inclusif. Un monde où tous les êtres humains pourront aspirer à des conditions de vie décentes et à l'harmonie. Les craintes et les risques concrets de catastrophe et d'apocalypse me font trembler pour elle et pour tous les enfants qui pourraient être privés d'un droit à la sérénité et au bonheur. Devant la menace, nous avons tous des réactions angoissées pour nous-mêmes, mais surtout pour nos enfants, comme l'exprimait une jeune femme inquiétée par ce qu'elle entendait dans un échange avec la réputée conférencière Marylène Coulombe : «Est-ce que je dois craindre pour mon bébé?»

Alors, quels sont les risques que la fin du monde survienne en 2012? Quels sont les dangers qui guettent nos proches? J'ai voulu en savoir plus. Et je laisse ce livre entre les mains de ceux qui veulent en savoir plus. Je crois que le changement vient avec la connaissance et la conscience. Et si 2012 signifiait une évolution des consciences pour accoucher d'une race humaine transformée? Et si les années qui précèdent décembre 2012 étaient un temps de gestation pour un nouvel avenir de l'homme? Nous avons conscience que tout bouge, tout change, tout se bouscule. La tension est plus vive, mais ce moment tendu pourrait peut-être donner vie à une nouvelle humanité.

Qui a raison? Est-ce que nous devons appréhender la fin du monde ou la fin d'un monde? Il est peut-être plus important de chercher à comprendre ce qui menace la survie des humains en tant qu'espèce, plutôt que de savoir si une personne a raison plus qu'une autre ou si une théorie est plus réaliste qu'une autre. Lorsque la réponse viendra, il sera de toute façon trop tard pour réagir. Les théories les plus diverses ne devraient pas s'affronter, mais plutôt chercher à s'intégrer dans une recherche pour mieux comprendre ce qui nous attend et pour nous permettre de nous préparer. Car que ce soit à cause d'un cataclysme ou d'un autre facteur, il est plus que jamais évident que l'humanité aura bientôt à faire face à des changements majeurs. Les signes ne manquent pas et il faudrait être bien aveugle pour ne pas voir que les dangers se multiplient et s'intensifient, et que les raisons pour redéfinir nos sociétés et élever le niveau de conscience des individus sont plus que jamais évidentes et pressantes.

Le calendrier maya et la date du 21 décembre 2012 pourraient bien nous être utiles, au-delà du fait de savoir s'il y aura ou non une fin du monde. L'intérêt grandissant pour le calendrier maya sera peut-être un vecteur essentiel pour nous permettre de transcender l'égoïsme et l'individualisme. Car devant la menace, bien des changements peuvent se produire.

Mais pour transcender une menace, il faut la comprendre. L'intérêt pour l'énigmatique fin du décompte du temps du calendrier maya sera peut-être une bouée de sauvetage que nous aura lancée ce mystérieux peuple pour nous forcer à réfléchir sur notre avenir.

Les prophètes annonçant la fin du monde n'ont pas beaucoup chômé depuis des décennies, diront certains. C'est vrai. Rappelons-nous seulement les Témoins de Jéhovah qui ont annoncé à maintes reprises la fin des temps. Une de leurs premières annonces a eu lieu au début du 20e siècle. L'année 1914 devait être la dernière pour l'humanité. Puis ils ont récidivé en 1918, en 1925, et un chapelet de dates a suivi, jusqu'à ce qu'ils comprennent qu'une annonce plus générale, mais toujours imminente, était plus pratique et moins discréditante.

Toutefois, il faut se rendre compte que le calendrier maya est dans une classe à part, car ceux qui l'ont élaboré étaient eux aussi dans une classe à part.

Cette civilisation précolombienne qui a prospéré au cœur des actuels Yucatan et Guatemala est apparue au cours du troisième millénaire avant Jésus-

Le temple du Grand Jaguar, au centre de l'ancienne cité-état de Tikal, au Guatemala a été construit vers 700. Avec ses 45 mètres de hauteur, il est l'un des plus imposants du monde maya. La pyramide supporte, à son sommet, un temple dédié au culte du jaguar. Les archéologues ont découvert, lors des fouilles, une chambre funéraire à six mètres sous terre, dédiée au souverain maya Jasaw Chan K'awiil (682–734).

Christ et nous a légué des œuvres architecturales très élaborées et complexes sur de très nombreux sites, la plupart du temps en pleine jungle. Les temples, les pyramides, les observatoires et autres édifices qui sont parvenus jusqu'à nous témoignent de la fascination de ce peuple pour l'astronomie et pour le décompte du temps.

Les Mayas sont considérés aujourd'hui comme le plus avancé et le plus raffiné de tous les anciens peuples des Amériques. Certains experts les considèrent même comme les Grecs du Nouveau Monde en ce qui a trait à l'avancement de leurs sciences et de leur travail artistique.

Les origines des Mayas, comme plusieurs aspects de leur culture et de leur savoir, restent mystérieuses même aujourd'hui. Les Mayas semblent avoir émergé spontanément en pleine jungle. Aucun document assez explicite n'est parvenu jusqu'à nous pour jeter la lumière sur leurs origines. Dans les milieux scientifiques, on prétend qu'ils proviendraient d'une branche des hominidés* qui auraient traversé le détroit* de Béring en provenance d'Asie, il y a plusieurs millénaires. Descendus plus au sud, les Mayas partageraient leurs racines avec d'autres peuples d'Amérique centrale, comme les Olmèques* et les Aztèques*. Ayant bénéficié de la vision et de la force de leurs premiers chefs, les Mayas auraient développé leurs connaissances et occupé le territoire en quelques siècles. Mais les Mayas semblent être véritablement apparus spontanément en tant que civilisation et déjà en maîtrise des connaissances nécessaires à l'érection de leurs chefs-d'œuvre architecturaux et à l'élaboration de leurs mystérieux calendriers. Les experts et les archéologues se butent à un mystère et ne peuvent expliquer l'émergence si rapide d'une civilisation si avancée et, de surcroît, en milieu hostile. Les autres grandes civilisations de l'histoire de l'humanité ont vu le jour dans des lieux se prêtant, du moins géographiquement, à la mise sur pied de communautés qui allaient peu à peu acquérir le statut de peuple dominant. Les Égyptiens ont prospéré à l'embouchure et tout le long du Nil, donnant un accès privilégié à la Méditerranée. Les Perses ont bénéficié du Tigre et de l'Euphrate pour contrôler le commerce sur un immense territoire. L'ancienne civilisation de l'Indus*, en Asie, s'est développée sur les rives d'un fleuve important qui était une artère essentielle dans une région aride. Les Grecs se sont épanouis en grande partie à cause de leur position géographique stratégique et par l'apport d'autres civilisations plus anciennes. Oui, évidemment, il y a de nombreuses nuances et de longs détours dans le parcours d'une civilisation qui prend son envol, mais les Mayas sont un cas unique dans l'histoire des hommes et nous en connaissons toujours très peu sur eux.

Pour ceux qui ont des penchants un peu plus ésotériques, il y a différentes théories concernant cette civilisation intrigante. Les Mayas auraient été aidés dans la compréhension extraordinaire qu'ils avaient du cosmos et du mouvement des astres dans le ciel par une civilisation supérieure et plus ancienne dont les traces

Une des pyramides mayas les plus célèbres sur le site de Chichén Itza. D'une hauteur de 24 mètres, la pyramide a une base carrée et une utilité calendaire. Cette construction est un bel exemple de la grande connaissance et du savoir-faire des Mayas en astronomie et en architecture. En effet, cette pyramide présente 4 faces divisées chacune en neuf plateaux et comportant un escalier de 91 marches en son centre. Le nombre total de marches égale donc le nombre de jours dans l'année (4 fois 91 marches = 364 + le plateau au sommet = 365). L'orientation de la construction fait qu'au moment précis de l'équinoxe du printemps et de l'équinoxe de l'automne, le soleil frappant les arrêtes de la pyramide produit une ombre donnant l'impression de voir un serpent à plumes.

Extraordinaire pilier sculpté, sur le site de Copan, au Honduras.

seraient disparues à tout jamais. On parle, entre autres, de survivants de l'Atlantide* qui auraient trouvé refuge dans l'actuel Mexique après la destruction de leur continent.

Bien sûr, personne ne peut apporter de preuves pour valider cette théorie, mais ceux qui y adhèrent ont tout de même dans leur sac des éléments troublants qui trouvent aussi écho chez d'autres civilisations anciennes dans différentes parties du monde. Certaines légendes sur les origines de l'univers, certains mythes sur la venue d'êtres de lumière descendus du ciel et certaines connaissances semblent en effet avoir émergé presque au même moment à plusieurs endroits. On peut citer les constructions pyramidales gigantesques, l'écriture, l'urbanisation, qui sont toutes des innovations qui datent du quatrième millénaire avant Jésus-Christ.

Une société avancée aurait-elle diffusé son savoir à d'autres groupes au cours de cette période? Malgré toutes les théories à ce sujet, on ne peut répondre, mais l'idée a un certain charme et stimule l'imagination.

Pour ce qui est du mystère entourant l'éclosion de la civilisation maya et l'évolution des connaissances de ce peuple en milieu hostile, le brouillard ne fait que s'épaissir quand on se penche sur les circonstances nébuleuses et curieuses de leur disparition. De grandes cités auraient été abandonnées sans raison apparente. Aucune trace de combats, d'épidémie, de chaos ne vient éclaircir ce mystère qui intrigue scientifiques et simples amateurs. Tous se perdent en conjectures. Sur cette disparition, certains y sont allés de théories assez fantaisistes. Le peuple maya aurait été téléporté sur des vaisseaux extraterrestres et leurs descendants seraient prêts à faire leur retour sur Terre en 2012. Ce genre de théories, pour ma part, ne m'est d'aucun secours. Cela tient plus du roman de science-fiction.

Mis à part les théories trop fantaisistes, l'intuition de certains chercheurs amateurs et passionnés de la civilisation maya ont parfois aidé l'avancement de la compréhension de ce peuple. Comme le disait Arthur Demarest, archéologue et sommité mondialement reconnue pour son expertise en ce qui a trait aux Mayas: «Malgré les extravagances et les exagérations de certaines théories, les scientifiques doivent reconnaître l'apport populaire qui a encouragé la recherche scientifique en l'orientant dans des directions originales. [...] Le public a parfois fait preuve d'une grande perspicacité en abordant les mystères de la civilisation maya.»

Les grands défis de compréhension qui émergent de cet océan de mystères qu'alimentent les Mayas tournent maintenant autour de leurs calendriers et de la signification de cet arrêt du décompte du temps précisément le 21 décembre 2012.

Première partie

La marche du temps

Chapitre 1

Devons-nous craindre pour nos enfants?

Le calendrier maya. Je n'avais jamais entendu parler de ce calendrier avant une conversation que j'ai indiscrètement écoutée un après-midi du mois de février, à Montréal. Il faisait anormalement doux: 15 beaux degrés. La normale pour ce temps de l'année est de 4 °C. Quel cadeau! Ceux qui pouvaient se permettre d'en profiter étaient à l'extérieur et se faisaient chauffer au soleil. Qui a vécu l'hiver au Québec sait de quoi il est question. Le soleil est une bénédiction lorsque l'air glacial est poussé vers le nord par un vent du sud.

– Est-ce que tu sais de quoi il est vraiment question?, avait demandé la plus âgée des deux femmes.

– C'est assez compliqué, avait répondu la deuxième qui me paraissait dans la jeune trentaine. On parle de catastrophe et de fin du monde. Il s'agit d'un ancien calendrier maya qui prédit la fin du monde pour 2012. Le 21 décembre.

– Tu sais, je ne crois plus tellement à ce genre de chose. Nous avons tellement entendu parler de fin du monde et de catastrophes. À force de crier au loup, on finit par ne plus ameuter personne.

– Cette fois-ci, c'est plus grave. Il y aurait des signes assez sérieux. Les Mayas étaient très évolués et ils avaient atteint un niveau de connaissances scientifiques incroyable. On dit même qu'ils auraient été les héritiers d'une race supérieure venue de l'Atlantide.

– Je reste quand même sur mes gardes.

Bien dit. Cette dame me paraissait plus sage et pondérée. Je n'aime pas, moi non plus, ce genre d'engouement pour les fins du monde annoncées. Il y a eu Nostradamus et d'autres prophètes en apparence visionnaires qui ont proclamé sur tous les tons qu'à telle date, la race humaine serait rayée de la surface du globe de façon apocalyptique. Rien ne s'est produit, ce qui n'empêchera pas le prochain d'avoir la cote.

Je reste critique en me défendant d'être démesurément sceptique.

Je dois tout de même avouer qu'il me reste, à certains moments, un fond d'angoisse nourri par l'actualité. Tout être sensible et un peu informé ne peut être de glace (sans jeu de mots) devant le réchauffement du climat et devant l'avalanche de scénarios dont les plus pessimistes deviennent bien vite désuets parce que la réalité les dépasse. On prévoyait la disparition de la banquise dans telle région dans 20 ans. Et voilà qu'elle est déjà disparue. On disait que les océans se réchaufferaient de quelques dixièmes de degrés en une décennie. Voilà que ce niveau est atteint en trois ans.

Oui, un fond d'inquiétude est toujours vivant en moi. Qu'avons-nous fait de notre environnement? Que ferions-nous si notre monde basculait dans un chaos environnemental où les risques d'emballement se multiplieraient les uns par les autres et résulteraient en méga-tempêtes, en cyclones géants transformant la face de la Terre en un monde cauchemardesque?

J'exagère? Il y a 10 ans à peine, on aurait pu le penser et classer ces craintes dans la filière «sujets alarmistes». Mais aujourd'hui, les signes ne manquent pas. Ce sont des évidences auxquelles se rallient maintenant la communauté scientifique et les militants écologistes. Ce genre de consensus général est en lui-même un signal d'alarme incontournable: quelque chose devrait se produire bientôt.

Revenant de ma réflexion, je m'aperçus que les deux dames étaient déjà parties.

Le soleil sur mon visage me rappelait à des plaisirs plus immédiats et irrésistibles.

Presque... parce que je ne pouvais plus détacher de mon esprit ses considérations écologiques qui, comme de petites ombres, venaient atténuer le simple plaisir innocent de l'animal qui se chauffe au soleil.

***

Mardi, 13 mars 2007. En pleine nuit, je me suis réveillé en sursaut. Un cauchemar. En fait, je n'en étais pas certain. L'esprit un peu confus, j'ai décidé de me lever. La nuit était fraîche, sans plus, et après avoir enfilé quelques vêtements, je suis sorti à l'extérieur, sur la terrasse arrière de la maison. En plein cœur de Montréal, les étoiles faisaient ce qu'elles pouvaient pour briller dans le ciel envahi par la lumière urbaine.

Debout près de l'escalier, je me laissais doucement envelopper par le calme de la nuit. De temps à autre, une voiture venait fendre le quasi-silence de la ville.

Des bribes du rêve qui m'avait réveillé remontaient dans mon esprit. Jungle, masques, course... Je ne savais pas encore comment lier ces images avec le trouble qui m'habitait encore.

Mes pensées retournaient tout naturellement vers le ciel.

Je m'amuse souvent à imaginer ce qu'un homme de l'Antiquité devait ressentir devant cette fenêtre sur l'univers qu'est le ciel. Au-delà des représentations que nous servent les ethnologues et les archéologues, au-delà des explications trop contemporaines de la relation que les peuples anciens pouvaient entretenir naïvement avec le Soleil, la Lune et avec les autres astres, que ressentait l'homme devant ce spectacle qui devait être mille fois plus intense que ce que nous connaissons aujourd'hui? Car il faut se rendre compte que la nuit n'a plus beaucoup de présence dans la vie de l'homme moderne. La nuit a perdu de son mystère, et la présence du ciel nocturne s'est considérablement rabougrie. Nous passons nos nuits bien au chaud et bien à l'abri dans nos demeures. Nous sommes coupés du contact privilégié avec le ciel nocturne.

Je me suis souvenu, lors d'un voyage en Amérique du Sud, dans les Andes équatoriennes, il y a de cela une trentaine d'années. Avec deux compagnons de voyage rencontrés au hasard d'excursions en montagne et attirés tout autant que moi par la qualité du silence andin, j'ai alors vécu une expérience extraordinaire. Nous avions pu sentir le ciel nocturne des montagnes comme s'il s'agissait d'une présence. Comme si le ciel était une entité presque palpable, comme un grand voile noir doté d'une vie propre. De temps à autre, un petit météore passait, contrastant avec la lenteur et l'apparente immuabilité du grand océan noir.

Le ciel semblait nous observer et scruter nos âmes. C'était presque intimidant. Les cimes enneigées illuminées par la Lune, voisines de notre campement, accentuaient cette impression que le ciel pouvait communiquer avec le monde matériel. Imaginez un instant les Mayas ou d'autres peuple anciens devant un tel univers magique et insaisissable.

Aujourd'hui, la connaissance scientifique nous explique beaucoup et nous fait comprendre partiellement le fonctionnement de la nature et du cosmos. Mais est-ce un avantage lorsque ces connaissances ne laissent plus de place au mystère et à l'insaisissable? Si je reproche parfois aux amateurs de mystères d'être trop crédules devant certaines affirmations, je ne peux m'empêcher de penser que les purs et durs de la science font fausse route en évacuant du réel tout ce qui n'est pas mesurable.

Le vol nerveux et rapide d'une chauve-souris qui survolait la terrasse me tira de mes pensées. Je croyais bien pouvoir retrouver le sommeil à présent. Il n'y a pas mieux que ce genre de méditation dans la nuit pour rendre les paupières irrésistiblement plus lourdes.

En passant dans le large corridor de la maison pour me rendre à la chambre à coucher principale où ma conjointe dormait sans doute profondément, je pris le temps de faire un détour par la chambre de notre petite fille. J'adore regarder dormir Élisabeth. Elle était couchée sur le côté, son petit visage paisible près du bord de son lit. Je me suis approché et ai laissé un petit baiser sur sa joue toute ronde. Belle enfant, qui cache en toi une partie de l'avenir du monde.

Devenir père a changé beaucoup de choses. Je n'ai plus la même vision du temps qui passe. Je n'ai plus le même détachement face au matériel. Ce petit être est apparu dans ma vie, s'est emparé non seulement de mon cœur, mais aussi de mon esprit et de mes pensées. Je lui dédie tout maintenant. J'ai découvert en moi une force qui pourrait déplacer des montagnes s'il s'agissait de protéger ma petite fille.

***

Dimanche, 18 mars. Discussion à la radio au cours d'un déplacement en voiture. Je ne sais plus qui parlait à quel animateur. Mon attention a été captée par les mots: le calendrier maya et les prédictions d'apocalypse pour 2012.

Encore le calendrier maya. Tout le monde semblait s'être passé le mot...

– Pourquoi n'y aurait-il pas de cataclysme ou de désastre assez puissant pour perturber le cours de nos vies? demandait l'animateur à un invité. Pourquoi notre planète serait-elle protégée d'un désastre assez puissant pour anéantir toutes traces de vie? Pourquoi l'espèce humaine serait-elle protégée d'extinction ou à tout le moins d'un retour à l'âge de pierre?

– Ces questions sont troublantes, et ce sont des questions réalistes, a répondu l'invité. Dans le cas des calendriers mayas, des signes pointent vers le mois de décembre 2012. À bien des moments dans l'histoire, il y a eu des phénomènes explicables ou non qui ont fait basculer le cours de la vie sur Terre. Que ce soit de grands bouleversements dans les cycles du Soleil ou les ères glaciaires, la chute de météorites ou l'éruption d'un mégavolcan, les causes de désastres à l'échelle de la planète sont bien réelles. Ça préoccupe la science mais, dans la population, ça peut mener à des craintes démesurées par rapport aux réelles menaces.

Le fil de la discussion m'a par la suite échappé car je devais trouver une adresse dans un secteur de la ville que je connaissais mal.

Une amie de ma conjointe m'avait donné en toute discrétion les coordonnées d'une personne qu'elle disait être clairvoyante. Qu'est-ce qui me poussait à aller voir cette personne? Je ne le sais trop. Depuis quelques semaines, le calendrier maya, et ce qui en était dit, me triturait les méninges.

Alors je me suis dit qu'aller voir cette femme qui, apparemment, était excellente pour débusquer les raisons profondes des pensées obsessives, ne me nuirait pas. Je me réveillais en pleine nuit avec des visions de temples de pierres en ruine qui se reconstruisaient d'eux-mêmes, retrouvant des allures de temples sacrés. Depuis que j'ai commencé à entendre toutes sortes d'histoire sur les Mayas, sur leurs calendriers et sur une fin du monde annoncée en 2012, ça ne me quittait plus.

Sans en parler à ma conjointe, de peur qu'elle doute de ma santé mentale, j'ai décidé de chercher du côté de l'occultisme pour trouver une raison à tout cela. D'ailleurs, il n'y a pas que les rêves, le hasard fait que je tombe presque chaque jour sur des conversations relatives au calendrier maya et aux fameuses prédictions pour 2012. Ces discussions tournent toutes autour de l'exactitude du calendrier maya relativement à l'observation des astres, mais cette exactitude ne se retrouve pas dans la bouche de ceux qui en parlent. Personne ne peut dire ce que sont réellement ces calendriers et ce qu'ils révèlent.

Je me suis dirigé vers la porte 2112, celle derrière laquelle Marie-Rose dévoilerait peut-être les mystères de l'insondable. J'ai renoncé à évaluer le degré de sérieux de cette démarche. Je m'en remettais à mon intuition. Tant pis si ma conjointe l'apprenait.

La porte s'est ouverte sans avoir eu le temps d'appuyer sur la sonnette. Pourtant, il n'y avait pas de judas. Enfin, me suis-je dit, je ne vais pas me troubler si vite.

– Marie-Rose?, ai-je demandé.

– Vous êtes le monsieur un peu embarrassé de venir consulter une clairvoyante? Monsieur Gosselin, fit-elle avec une pointe d'ironie dans la voix qu'elle avait plutôt jeune pour une femme dans la fin soixantaine. Vous êtes au bon endroit, mais je vous le dis tout de suite, vous ne trouverez pas aisément ce que vous cherchez.

– Que voulez-vous dire?

– Je ne veux rien dire.

«Bon, ça y est, je suis tombé sur une psycho-machin qui parle chinois sans vouloir traduire», me suis-je dit.

– Mais ne vous en faites pas, je vais tout de même vous éclairer, me répondit-elle, comme si elle lisait dans mes pensées.

J'en fus un peu embarrassé.

J'entrai donc chez cette personne un peu à reculons. J'allais probablement perdre mon avant-midi. Mais bon, il faut assumer.

– Vous savez, commença-t-elle en me tirant doucement par la manche vers la pièce qui servait apparemment de salon et de bureau de consultation, quand on parle de cataclysmes et de bouleversements, on sent chez la plupart des gens plusieurs types de réactions devant l'évidence, devant la fragilité de notre existence et devant l'implacable dureté de la vie. Il peut y avoir du déni qui est en fait une façon de se protéger. Nous voulons de la permanence. Nous en avons besoin, comme les enfants ont besoin de stabilité. La perte de ce sentiment de durabilité plonge l'être humain dans le désarroi. À quoi ça sert d'avancer si je n'ai pas d'espoir de continuité? La simple possibilité d'une fin ou d'un changement majeur dans nos habitudes de vie fait frémir. La réflexion sur une éventuelle catastrophe est dès lors impossible. Et je le comprends très bien. C'est l'instinct de survie. Tous les animaux se protègent chacun à leur façon. Les humains, eux, nient.

Cette femme avait tout de la grand-maman réconfortante et traditionnelle. Mais en même temps, émanait d'elle un charisme qui avait plus à voir avec une conférencière spécialiste de la motivation et de la remise en question.

– Il y a aussi la réaction adolescente qui consiste pour certains à se sentir naïvement invincibles, continuait Marie-Rose. Ces personnes écartent volontairement ou non ce qui pourrait troubler leur désir de permanence. On conduit à tombeau ouvert en ne voulant même pas voir qu'un obstacle peut se dresser sur notre route et tout anéantir. Croire que tout se déroulera dans le même ordre et dans le même confort est rassurant. Le même phénomène est observable lorsque le thème de la mort est abordé. Une personne peut avoir des comportements totalement dangereux et irresponsables et mener sa vie comme si rien n'était menaçant.

Là, je me reconnaissais un peu. Jusqu'à récemment, à tout le moins. Jusqu'à ce que je devienne père.

J'écoutais maintenant Marie-Rose parler depuis une demi-heure sans chercher à l'interrompre. Malgré son statut de clairvoyante, je trouvais que Marie-Rose avait les pieds bien ancrés sur terre. Elle déduisait pas à partir de ce que j'appelle des phrases-sondes: on vous dit quelque chose de général et on attend une réaction avant de continuer avec les indices que vous venez de fournir.

– Il y a aussi une autre forme de déni qui passe par l'enjolivement, poursuivait inlassablement ma conférencière en sortant une théière et deux tasses. La personne croit qu'une catastrophe se produira un jour, mais qu'elle sera salutaire. Ça peut être assez vague, mais pour certains une date précise peut même être avancée. On élabore des théories ou on adhère à des croyances plus ou moins fortes et au goût du jour. Ça peut donner des scénarios assez farfelus et dangereux. Nous connaissons tous des sectes et des gourous qui prédisent la fin du monde et le sauvetage d'une élite humaine par des extraterrestres bienveillants. La plupart du temps, les candidats au sauvetage doivent cependant verser une bonne partie de leurs revenus au gourou pour s'assurer une transition plus facile vers la planète «X» qui sert de base intergalactique à une armada de vaisseaux lumineux qui n'attendent que le moment propice pour leur porter assistance. Un peu de thé?

– Oui, oui, dis-je machinalement.

J'étais un auditeur séduit tout en commençant à me demander où cela me mènerait. En fait, je m'en doutais, mais j'avais de la difficulté à croire qu'elle avait si facilement cerné le sujet qui m'avait poussé à venir la voir. Qu'avais-je pu lui dire sans m'en rendre compte pour lui fournir une piste?

– Comme vous devez vous en douter, je ne suis pas membre d'un cercle de sceptiques acharnés. Je m'efforce de garder un esprit ouvert, mais critique. Je crois aussi que la science dure, celle des scientifiques grands prêtres de la vérité devrait être plus ouverte tout en gardant le cap sur l'avancement des connaissances.

– Madame, je m'excuse de vous interrompre, dis-je doucement, mais assez promptement pour pouvoir glisser ma question entre deux tirades. Est-ce que vous essayez de me faire comprendre quelque chose en rapport avec un sujet particulier qui me préoccupe et dont vous auriez déjà deviné la teneur?

– Monsieur, je crois qu'il faut cultiver notre sensibilité aux possibles bouleversements, à la fragilité et à la précarité de l'existence pour être capables de mieux réagir devant l'inconnu et aussi pour mieux apprécier la chance que nous avons. Les privilèges des pays riches de vivre dans une relative sécurité et dans un ordre accepté par la majorité ne représentent malheureusement que l'exception. Nous aimons croire que nous sommes à l'abri des catastrophes, à l'abri du chaos. Nous aimons croire que notre bien-être est permanent. Pourtant, nous vivons constamment sur la frontière très mince qui sépare le confort et la misère, l'ordre et le désordre, la sécurité et la peur. Sur la même planète que nous, il y a des peuples réduits à survivre au jour le jour alors que nous, nous empilons nos économies en prévision de la retraite. Alors, qu'est-ce qui peut nous faire croire que l'ère de tranquillité dont nous jouissons durera à court ou à moyen terme?

– Vous voulez dire que ce calendrier maya pourrait bien dire vrai? Qu'un bouleversement pourrait bien survenir en 2012?

– Ah, tiens. Vous avez entendu parler du calendrier maya? Vous savez, je crois fermement que nous serons très bientôt à la croisée des chemins. Nous devrons prendre conscience des dangers qui nous menacent et nous devrons changer les attitudes irresponsables et les comportements dangereux qui sont devenus la norme Et ceux qui ont la capacité de communiquer ce message doivent le faire. C'est une question de survie.

Je suis reparti un peu sceptique. J'étais bien déterminé à ne plus penser à tout ça. De retour à la maison, ma petite fille m'attendait. Durant près de deux heures, j'ai fait le grand singe en balançant les bras. J'ai marché à quatre pattes dans la savane africaine en transportant sur mon dos ma petite princesse.

Après avoir traversé un grand fleuve très dangereux, nous sommes revenus à notre campement au bord du lac, tout juste sur la frontière du salon et de la salle à manger. Là, en me couchant sur un épais lit de fougères que nous avions coupées dans le marécage du vestibule d'entrée, j'ai pris ma décision. Devant tant de beauté, comment pourrais-je continuer ma route sans aller plus loin pour comprendre cette fameuse date du 21 décembre 2012?

Quelques heures plus tard, mon éditeur me donnait son accord pour un projet de livre.

Un exemple de glyphe sur le site de Copan, au Honduras.*

Chapitre 2

Les Mayas et leurs calendriers

En fait, les Mayas avaient plusieurs calendriers qui correspondaient à des usages bien définis. Ces calendriers s'imbriquaient les uns aux autres pour fournir des indications précises sur l'ordre des rituels, la position du Soleil, de la Lune et le décompte des jours depuis le début du monde maya, soit depuis un peu moins de 5 200 ans. Ce cycle, que l'on appelle le Compte long, débute en l'an 3113 avant Jésus-Christ et se termine le 21 décembre 2012. Mais le début du compte du temps remonte à bien plus loin: certaines inscriptions sur des sites anciens font référence à des dates remontant à des millions d'années. Une stèle* du site de Quirigua, au Guatemala, comporte une date qui nous renvoie plus de 300 millions d'années en arrière. Les Mayas avaient conscience que le monde existait bien longtemps avant eux.

Les calendriers mayas n'avaient pas seulement pour fonction de suivre le temps, mais ils permettaient de voir comment le temps influençait le cours de l'histoire et entraînait l'évolution du monde. Le temps ne suivait pas un parcours linéaire orienté dans une direction, vers le futur. Le temps, pour les Mayas, était plutôt une boucle ponctuée par la course des astres comme une grande mécanique. Le monde du vivant évoluait dans cette conception cyclique du temps et était influencé par la même succession de phénomènes célestes auxquels étaient rattachées des significations basées sur la compilation des événements du passé. Ainsi, s'il se produisait tel événement lors d'une éclipse de Lune, un événement de même nature se reproduirait au moment d'une prochaine éclipse.

Le passé, le présent et l'avenir étaient liés dans la grande mécanique du temps. Il devenait donc possible aux prêtres mayas de faire des prédictions en consultant les grands livres sacrés du temps. L'arrivée des conquérants espagnols sur le territoire maya fut une époque de destruction à grande échelle. Les religieux espagnols détruisirent d'importantes quantités de manuscrits considérés comme impies, dans lesquels étaient inscrites les observations et les connaissances des Mayas sur le monde. Alors que les prêtres mayas avaient

←

Une stèle qui servait de système de datation sur le site de Copan.

préservé ces documents précieux durant des siècles, voire des millénaires, voici que des envahisseurs détruisaient l'essence de toute une culture très ancienne en quelques années. Il ne reste aujourd'hui que quatre codex* en mauvais état, qui sont, avec les nombreuses inscriptions figurant sur les monuments des sites archéologiques mayas, le dernier témoignage de ce qui était, selon plusieurs experts, la plus importante entreprise de rédaction de l'histoire du monde. Il est évident, de l'avis de tous les connaisseurs, que ces codex ont été rédigés par de véritables experts en astronomie. Grâce à des calculs savants, leurs rédacteurs ont déterminé avec une précision incroyable le mouvement des astres des milliers d'années dans le passé et dans l'avenir. Les prêtres mayas, qui avaient la responsabilité de colliger ce savoir et les observations qui en découlaient, savaient prévoir avec exactitude le moment des éclipses, les phases de la Lune, le temps de rotation de la Terre et l'arrivée des astres dans le ciel selon le temps de l'année. Ils ont même pu calculer certains phénomènes célestes à intervalles très longs qui ne se produisent donc que très rarement. Ils ont, entre autres, calculé qu'il fallait 26 000 ans pour que l'axe de rotation de la Terre complète sa course, ce qui est appelé la précession* des équinoxes. Ce déplacement de l'axe de rotation de la Terre ressemble à celui d'une toupie qui vacille.

La terre vacille sur son axe de rotation comme le fait une toupie. Ce mouvement s'accomplit en 26 000 ans. Ce très lent changement de direction de l'axe de rotation est appelé la précession des équinoxes.

Il est important de comprendre que les Mayas avaient atteint une maîtrise incroyable de la science de la chronologie et de l'astronomie. Les calendriers issus de leurs observations et de leurs calculs de la course des corps célestes sont presque parfaits. En fait, on peut dire avec preuves à l'appui que leur calcul de l'année solaire est plus précis de quelques secondes sur une année complète que le calendrier dont nous nous servons depuis le Moyen-Âge, le calendrier grégorien.

Le système de datation des Mayas est de loin le plus élaboré et le plus précis de tous les anciens systèmes. D'où tenaient-ils ces connaissances? On ne le sait pas, mais il est d'autant plus mystérieux que ce peuple qui vivait dans un milieu inhospitalier n'a jamais fait la découverte de la roue ni appris à façonner des outils de métal — pourtant deux découvertes faites par de nombreuses civilisations de la même époque. Les Mayas étaient en fait un peuple peu évolué scientifiquement, sauf en ce qui concerne l'architecture, l'astronomie et le calcul. Comment ont-ils pu arriver à cartographier de façon aussi stupéfiante le cosmos? C'est un des grands mystères qu'ils nous ont laissés.

L'idée du calendrier est toutefois venue d'un autre peuple, voisin des Mayas. La civilisation olmèque avait mis au point un calendrier basé sur l'observation du ciel, mais les Mayas auraient poussé beaucoup plus loin son élaboration.

Le calendrier maya a révélé en partie seulement ses secrets. De nombreuses interprétations et théories circulent surtout sur les significations rattachées à certaines dates, mais le mystère entoure aussi une partie du système d'écriture maya. Bien qu'aient été faites des percées importantes dans la compréhension du système complexe de glyphes élaboré par les Mayas, les inscriptions gardent encore aujourd'hui une partie de leur mystère.

Ce qui vient compliquer un peu plus notre compréhension de l'univers des Mayas, au-delà du fait que de grands pans de leurs travaux et réalisations aient disparu, c'est que leurs élites, les prêtres surtout, étaient des philosophes, des astrologues et des cosmologues (qui étudient la composition et la structure de l'univers considéré dans son ensemble). La vision originale du monde qu'ils avaient inventée amplifie le fossé qui nous sépare d'eux. Les prêtres mayas étaient des chamans* qui interagissaient avec des dimensions invisibles de la réalité, et leur univers allait bien au-delà de la compréhension du monde par les sens physiques, et ce, tant dans la complexité de la nature que dans le domaine des comportements humains.

Toutes ces dimensions échappent la plupart du temps aux observateurs modernes. Ceux qui se lancent sur ce chemin peuvent se retrouver rapidement piégés par leur propre imaginaire. Je crois que c'est ce qui se passe actuellement avec plusieurs «experts» qui vont jusqu'à se proclamer eux-mêmes des réincarnation d'anciennes âmes mayas.

***

Un observatoire en ruine sur le site de Chichén Itza, au Yucatan, dans la partie est du Mexique. Des générations d'astronomes et de grands prêtres mayas s'y succédaient pour observer le ciel.

ÉTONNANTE PRÉCISION DU CALENDRIER MAYA

S'il y a un point qui rallie tout le monde, c'est la précision des calculs astronomiques mayas et de leur calendrier. Avec son estimation de la longueur de l'année solaire à 365,2420 jours, l'erreur n'est que de

0,0002 jour. En comparaison, le calendrier dont nous nous servons actuellement, le calendrier grégorien, introduit par le pape Grégoire XIII, comporte une erreur de 0,0003 jour.

LE TZOLKIN, LE CALENDRIER RELIGIEUX

Composé de 260 jours, le premier calendrier maya, le Tzolkin, servait aux prêtres dans leurs prédictions et dans le cours des rituels sacrés. Ce calendrier est encore utilisé dans certaines parties des hautes terres du Guatemala. Chacune des journées avait une désignation particulière obtenue en combinant un nom (20 au total) et un chiffre de 1 à 13. Pourquoi 20 et 13? Le chiffre 20 était le nombre de base du système mathématique maya (au lieu de la dizaine pour le nôtre), et le chiffre 13 était un nombre sacré dans les rituels mayas. Le ciel maya ou domaine céleste est divisé en 13. Avec cette combinaison de 20 noms et de 13 chiffres, on obtient donc 260 jours qui ne sont subdivisés ni en semaines, ni en mois.

Une fois rendu au vingtième nom de jour, on recommence avec le premier, et en poursuivant la numérotation selon la rotation des 13 chiffres qui redémarre à chaque intervalle.

Les 20 noms des jours du Tzolkin sont:

1. Imix	11. Chuen
2. Ik	12. Eb
3. Akbal	13. Ben
4. Kan	14. Ix
5. Chicchan	15. Men
6. Cimi	16. Cib
7. Manik	17. Caban
8. Lamat	18. Eznab
9. Muluc	19. Cauac
10. Oc	20. Ahau

Chacune des journées du calendrier Tzolkin était représentée par un glyphe et par un nombre. Ainsi, le premier jour du Compte long actuel est le 4 Ahau. Cette journée était de retour dans le calendrier 260 jours plus tard. Chacune des journées avait une signification rituelle particulière et un sens divinatoire propre, et était aussi rattachée à un animal, à une partie du corps et à des événements relatés dans le grand livre maya du temps, le Pop Wooh, ce qui permettait de faire des prédictions, mais aussi de faire l'analyse du caractère et de la destinée de celui ou celle qui naissait le jour du Men, par exemple. Cette personne aurait une indéniable habileté pour la communication et pour la réconciliation, mais aurait aussi tendance à manipuler ses semblables. Elle aurait aussi de grandes compétences naturelles pour le commerce et pour la négociation.

Pour mieux comprendre le décompte des jours du Tzolkin, voir le tableau de la succession des jours et des nombres accompagnateurs à la page suivante.

Jours	**Nombres accompagnateurs**												
IMIX	1	8	2	9	3	10	4	11	5	12	6	13	7
IK	2	9	3	10	4	11	5	12	6	13	7	1	8
AKBAL	3	10	4	11	5	12	6	13	7	1	8	2	9
KAN	4	11	5	12	6	13	7	1	8	2	9	3	10
CHICCHAN	5	12	6	13	7	1	8	2	9	3	10	4	11
CIMI	6	13	7	1	8	2	9	3	10	4	11	5	12
MANIK	7	1	8	2	9	3	10	4	11	5	12	6	13
LAMAT	8	2	9	3	10	4	11	5	12	6	13	7	1
MULUC	9	3	10	4	11	5	12	6	13	7	1	8	2
OC	10	4	11	5	12	6	13	7	1	8	2	9	3
CHUEN	11	5	12	6	13	7	1	8	2	9	3	10	4
EB	12	6	13	7	1	8	2	9	3	10	4	11	5
BEN	13	7	1	8	2	9	3	10	4	11	5	12	6
IX	1	8	2	9	3	10	4	11	5	12	6	13	7
MEN	2	9	3	10	4	11	5	12	6	13	7	1	8
CIB	3	10	4	11	5	12	6	13	7	1	8	2	9
CABAN	4	11	5	12	6	13	7	1	8	2	9	3	10
EZNAB	5	12	6	13	7	1	8	2	9	3	10	4	11
CAUAC	6	13	7	1	8	2	9	3	10	4	11	5	12
AHAU	7	1	8	2	9	3	10	4	11	5	12	6	13

Le calendrier Tzolkin commence par le jour 1 Imix et le 20e jour (au bas de la première colonne du tableau ci-contre) est le 7 Ahau, puis, le 21e jour est le 8 Imix. Donc, une fois au bas d'une colonne, on recommence le décompte en haut de la colonne suivante.

Ça peut paraître obscur et complexe comme méthode, mais si on se place dans la peau d'une personne absolument ignorante de notre calendrier actuel, on trouverait étrange qu'il y ait autant de journées qui portent le même nom à répétition dans le même mois et encore plus pendant l'année. Nous aussi, pour nous repérer, nous ajoutons des chiffres au nom des journées: le lundi 7, le lundi 14, le lundi 21... Pour parler avec encore plus de précision, nous disons, le lundi 7 du mois de mai de l'année 2007.

Là où ça devient plus compliqué avec la façon dont les Mayas calculaient le temps, c'est l'utilisation d'un autre calendrier superposé au calcul des jours du Tzolkin.

LE HAAB, LE CALENDRIER SOLAIRE

Ce deuxième calendrier était le Haab, basé sur la course du Soleil dans le ciel. Constitué de 365 jours, le calendrier solaire (ou civil) était divisé en 18 mois de 20 jours auxquels s'ajoutaient un court mois de 5 jours. Cette période de 5 jours était considérée comme néfaste.

Les 19 mois du Haab avaient pour noms:

1. Pop
2. Uo
3. Zip
4. Zotz
5. Zec
6. Xul
7. Yaxkin
8. Mol
9. Ch'en
10. Yax
11. Zac
12. Ceh
13. Mac
14. Kankin
15. Muan
16. Pax
17. Kayab
18. Cumku
19. Uayeb

La superposition de ces deux premiers calendriers donnait une portée temporelle supplémentaire à l'obsession des Mayas pour le décompte des jours. Le Tzolkin et le Haab joints permettaient de marquer le temps selon des cycles de 52 années ou de 18 980 jours. Une date complète était indiquée en mentionnant la concordance avec les deux calendriers, par exemple: 8 Cumku (selon le Haab) 4 Ahau (selon le Tzolkin).

LE COMPTE LONG, LE CALENDRIER «GLOBAL»

Un troisième calendrier venait se joindre aux deux autres pour inscrire les dates de façon complète et précise dans la course du temps, comme nous le faisons plus simplement avec les siècles et les millénaires dans le calendrier grégorien. Ce troisième système de comptabilité du temps portait le nom de Compte long. C'était un décompte continu des jours depuis le début de l'ère actuelle, que les Mayas situaient à une date qui correspond au 13 août de l'an 3113[1] avant Jésus-Christ dans notre système de datation.

Pour tenter de mieux comprendre la correspondance entre ces deux dates, il faut explorer un peu plus le système de datation maya dans le Compte long.

1. Le 13 août de l'an 3113 avant J.-C. correspond au 0.0.0.0.0 dans le calendrier maya.

Premièrement, les jours étaient nommés des Kins, les mois des Uinals, les années des Tuns. L'année maya était basée sur les 360 jours ordinaires du Haab. Les unités plus grandes étaient le Katun, composé de 20 années ou 7 200 jours (20 x 360), et le Baktun, composé de 20 Katuns ou 400 Tuns ou 144 000 jours (20 x 20 x 360). Bien que les Mayas aient conçu des cycles beaucoup plus longs, le Baktun était la plus grande unité de mesure utilisée.

Certaines personnes, dont Barbara Hand Clow, auteure de plusieurs livres sur les Mayas, dont le récent titre *Le code Maya*, fait aussi référence à des unités beaucoup plus importantes pour le décompte du temps. Ces unités de temps sont des extrapolations du nombre de base, c'est-à-dire 20, dont se servaient les Mayas dans leurs calculs (au lieu de 10 dans notre système décimal). Ainsi, elle fait suivre le Baktun (20 x 20 = 144 000 jours) par:

- le Piktun
  (20 x 20 x 20 = 20^3 = 2 888 000 jours ou 7 900 ans);
- le Kalabtun
  (20 x 20 x 20 x 20 = 20^4 = 158 000 années);
- le Kinchiltun
  (20 x 20 x 20 x 20 x 20 = 20^5 = 3,15 millions d'années);
- le Alautun
  (20 x 20 x 20 x 20 x 20 x 20 = 20^6 = 63,1 millions d'années);
- le Hablatun
  (20 x 20 x 20 x 20 x 20 x 20 x 20 = 20^7 = 1,26 milliard d'années).

Barbara Hand Clow, qui porte un regard plus ésotérique sur le calendrier maya, fait coïncider ces unités de temps avec des avancées majeures dans l'évolution de la vie. Elle parle de codes de séquences évolutives non pas tributaires du temps, mais bien inscrits dans la grande boucle du temps. Ces chiffres, ou cycles, issus des unités dont se servaient les Mayas pour calculer le temps et pour repérer les grands événements du passé proche et lointain doivent être multipliés par la valeur 13 (l'autre chiffre sacré des Mayas) pour livrer leur message.

- Le cycle de 20 Tuns x 13 (20 x 13 = 256 ans) nous ramène au début de l'ère industriel.
- Le cycle de 20^2 Tuns x 13 (5 125 ans) correspond à l'apparition de l'écriture.
- Le cycle de 20^3 Tuns x 13 (102 000 ans) correspond aux balbutiements du langage parlé.
- Le cycle de 20^4 Tuns x 13 (2 millions d'années) correspond à l'apparition des premiers humains.
- Le cycle de 20^5 Tuns x 13 (41 millions d'années) correspond à l'avènement des premiers primates.
- Le cycle de 20^6 Tuns x 13 (820 millions d'années) correspond à l'apparition des premiers animaux.
- Le cycle de 20^7 Tuns x 13 (16,4 milliards d'années) correspond à la datation du big-bang.

Ces datations sont assez conformes à ce qui est accepté dans le monde scientifique, sauf pour l'apparition des premiers primates qui correspondrait à 70 millions d'années plutôt qu'à 40 millions. Mais de nouvelles découvertes remettent ces dates en question régulièrement.

Nous reviendrons sur cette théorie des séquences évolutives inscrites dans le temps. Pour le moment, restons-en au calendrier maya.

La façon d'inscrire une date complète dans le Compte long était, par exemple, 11.13.12.4.4. En partant de la gauche, on traduit cette série de chiffres par:

11 Baktuns, 13 Katuns, 12 Tuns, 4 Uinal et 4 Kin

ou

(11 x 144 000 jours) + (13 x 7 200 jours) + (12 x 360 jours) + (4 x 20 jours) + 4 jours

ou encore

1 584 000 + 93 600 + 4 320 + 80 + 4

ce qui donne

1 682 004 jours

ou environ

4 605 années grégoriennes

Le Compte long ayant commencé le 13 août 3113 avant notre ère, soit le 0.0.0.0.0 du calendrier maya, la date correspondant au 11.13.12.4.4 dans le calendrier grégorien est donc le mercredi 12 octobre 1492 (13 août 3113 avant notre ère + 1 682 004 jours).

La correspondance de la journée avant le début du Quatrième Soleil dans le système de datation maya est le 13.0.0.0.0, soit 13 Baktuns pile (ou 13 x 144 000 jours). Après, le décompte revient à 0.0.0.0.0. C'est un nouveau départ qui revient selon un cycle de 5 125 années grégoriennes. Le 21 décembre 2012 sera le retour de la date 13.0.0.0.0.

C'est ici que s'implante la prédiction d'une fin du monde ou de la fin d'un monde. Cette idée d'une fin du monde a amené toutes sortes de théories échafaudées par des observateurs venus d'horizons très différents. Comme je l'ai déjà mentionné, ces théories vont de la certitude qu'un cataclysme à grande échelle provoquera l'extinction de la race humaine, jusqu'à la conviction qu'une force codée dans le temps (comme le prétend Barbara Hand Clow) agira comme un déclencheur pour faire évoluer les peuples et la vie en général.

Dans la prochaine partie de ce livre, nous allons explorer une partie de cet univers qui prend de plus en plus de place à mesure qu'approche l'année 2012. En effet, depuis quelques mois, plusieurs livres ont fait leur apparition sur les rayons des librairies, quelques films ont été réalisés et même des conférences commencent à captiver un auditoire de plus en plus large et hétérogène.

Notre petite planète est bien fragile à l'échelle de l'univers.

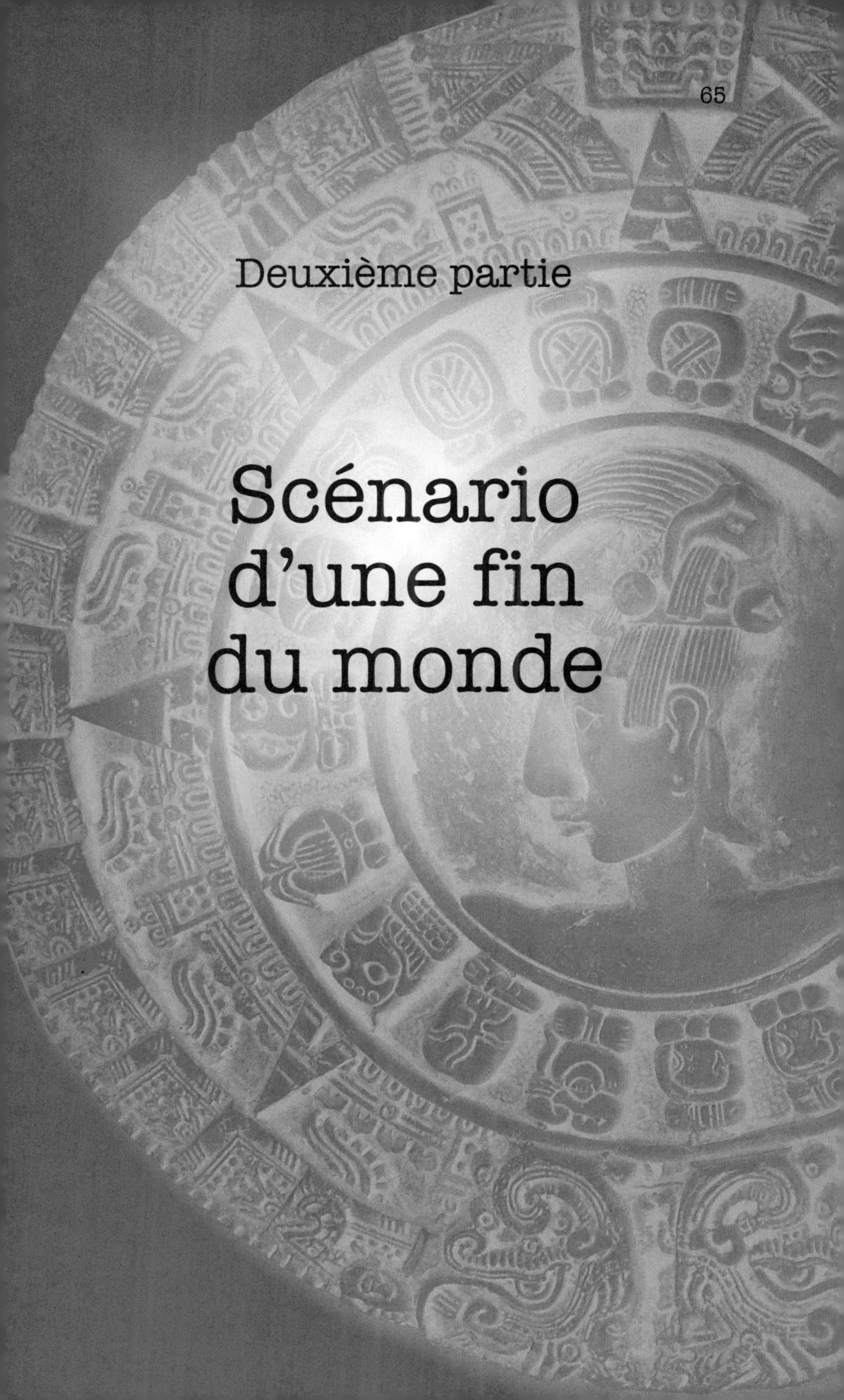

Deuxième partie

Scénario d'une fin du monde

Chapitre 3

Une petite planète bien fragile

Nous évoluons dans un monde d'illusions. Alors que nous espérons vivre paisiblement en nous la coulant douce, alors que nous nous sentons en sécurité sur le plancher des vaches, ce sol sur lequel nous marchons n'est, en fait, qu'une fine couche de roche solidifiée sous laquelle grouille une masse bouillonnante de matière en fusion qui a bien plus de ressemblances avec un enfer qu'avec un paradis. Une fine couche de matière solidifiée que nous appelons l'écorce terrestre et qui ne mesure qu'entre 5 et 55 kilomètres d'épaisseur environ nous sert de protection contre une véritable fournaise qui bouillonne sous nos pieds.

À l'instant même où je me cale tranquillement dans mon fauteuil préféré, heureux de pouvoir enfin goûter à un moment de repos après une journée étourdissante, je file à une vitesse complètement délirante à travers l'espace. Sans que nous nous en apercevions, la Terre nous emporte dans sa rotation sur elle-même à plus de 1 200 kilomètres-heure si nous nous situons en France ou au Canada et à 1 600 kilomètres-heure à l'équateur. Il faut 24 heures pour que s'accomplisse une rotation de la Terre ce qui équivaut à un déplacement dans l'espace d'environ 39 000 kilomètres par jour, toujours à l'équateur.

À cela s'additionne la vitesse à laquelle notre planète file pour faire le tour de notre étoile, le Soleil, soit 108 000 kilomètres à l'heure pour parcourir environ 937 millions de kilomètres chaque année. Vous en voulez encore? Notre système solaire lui-même se déplace en orbite autour du centre de la Voie lactée à une vitesse avoisinant 800 000 kilomètres-heure... et la Voie lactée se déplace elle aussi dans l'immensité de l'univers à environ 900 000 kilomètres-heure.

Vous vous demandez où je veux en venir? Nous vivons sur une minuscule boule de matière en fusion propulsée dans l'espace à une vitesse délirante. Comment penser que nous sommes en sécurité? Comment une catastrophe peut-elle nous sembler improbable? C'est une aberration proche de la folie que de croire en la permanence des choses. Et je pense que, loin de nous insécuriser, ces notions devraient plutôt nous être d'un grand secours dans la vie de tous les jours. Être ainsi conscient de notre petitesse ne peut qu'aider à relativiser et à mettre en perspective la vanité de nos prétentions.

Chapitre 4

Les dangers qui nous guettent

Quelles sont les menaces qui pèsent sur nous? Quels sont les dangers qui pourraient mettre notre civilisation en péril et quel avertissement le calendrier maya pourrait-il contenir? Devrons-nous affronter un danger qui viendra de l'espace ou s'agira-t-il plutôt d'une catastrophe naturelle? L'augmentation prévue de l'activité solaire et l'affaiblissement du champ magnétique terrestre pourraient-ils être des menaces réelles? Serons-nous plus directement impliqués dans notre propre destruction? Plus que jamais l'homme a la capacité de s'anéantir lui-même. Pollution, destruction de l'environnement, armes nucléaires, réchauffement atmosphérique et effet de serre, déforestation, voici tout un cocktail des effets néfastes de la civilisation moderne.

Le 21 décembre 2012, c'est demain. Si quelque chose se produit, est-ce que ce sera l'apocalypse?

Debout sur une toute petite planète, minuscule grain de poussière aux confins d'un univers infini, la race humaine serait-elle bientôt confrontée à une fin tragique? Toutes ces questions résonnent de plus en plus distinctement et trouvent écho dans les préoccupations de gens de toutes les sphères de la société. Il y a inquiétude. Et pour cause.

J'ai personnellement entendu des scientifiques, j'ai écouté des anthropologues, des «experts» en sciences occultes, des penseurs, des chercheurs et des astronomes. Partout, on commence à s'interroger sur ce qui pourrait arriver à la fin de l'année 2012.

Les Mayas étaient tellement investis dans le processus du décompte du temps, pourquoi ont-ils arrêté leur calendrier au 21 décembre 2012? Après avoir procédé à des observations minutieuses et méthodiques du cosmos durant des milliers d'années, pourquoi les Mayas ont-ils arrêté le processus au 21 décembre 2012, début de l'équinoxe d'hiver? Comme si, après cette date, les données allaient être complètement bouleversées. Pourquoi le 21 décembre 2012 marquerait-il une rupture?

Il n'y a aucune réponse à même l'héritage des Mayas. Il n'y a pas d'indices clairs. Seulement un arrêt du temps et une cosmologie* dense et peuplée de personnages fantastiques.

Prenons pour un instant ce parti d'une fin du monde annoncée et examinons les principaux dangers qui pourraient mettre en danger la continuité du monde et, j'ajouterai avec plus d'émotions, menacer l'avenir de nos enfants.

UN CHAMP MAGNÉTIQUE PROTECTEUR

Notre planète se déplace dans l'espace. Tout le monde sait ça, me direz-vous. C'est vrai. Ce que moins de gens savent, c'est que cet espace, le cosmos, est bien loin d'être vide et sans mouvement. Notre belle planète fait sa petite balade autour du soleil en étant constamment assaillie par de dangereuses particules très énergisées. Ce rayonnement cosmique de particules a deux origines, soit les régions de l'univers environnant notre galaxie, et notre propre étoile, le Soleil.

Le rayonnement de l'univers proviendrait probablement de trous noirs au centre de galaxies voisines, selon Antoine Letessier-Selvon, directeur de recherche à l'Institut national de physique nucléaire et de physique des particules et promoteur de l'Observatoire Pierre-Auger. Ces rayonnements seraient constitués de noyaux d'atomes d'hydrogène et d'hélium propulsés à de très grandes vitesses, et ils sont constants et sans fluctuation. L'énergie très élevée de ces particules est un mystère pour les scientifiques, mais leur existence est irréfutable et tout l'univers en est saturé.

L'autre source de rayonnement, le Soleil, émet des particules de façon aléatoire et beaucoup moins énergisées la plupart du temps. Sauf dans les périodes de forte activité solaire et surtout durant les tempêtes solaires.

Notre planète génère un champ magnétique qui agit comme un écran protecteur efficace contre ces rayonnements et sans lequel la vie n'aurait pu se développer. Fonctionnant, croit-on, sur le même principe qu'une énorme dynamo, la couche interne du manteau de la Terre fait de roches fondues entreraient en friction avec le noyau externe, constitué de métal liquide, pour créer le champ magnétique. Il y aurait conversion d'énergie gravitationnelle et d'énergie mécanique en énergie électromagnétique, ce qui créerait le champ magnétique terrestre comme nous le connaissons.

Le champ magnétique n'est pas constant et fluctue constamment. Sa direction change ainsi que son intensité et son homogénéité. De plus, il y a des sources de fluctuations internes à la Terre et il y a des sources de fluctuations externes causées principalement par le Soleil et par les autres corps célestes. L'axe du champ magnétique n'est pas aligné avec l'axe de rotation terrestre. Actuellement, il y a quelque onze degrés de différence et la tendance est au rapprochement entre les deux pôles (géographique et magnétique) au nord du Canada. On estime que le pôle magnétique se rapprocherait à une vitesse de 50 kilomètres par an du pôle nord géographique.

Par l'analyse de roches volcaniques refroidies au fond des océans, on a pu comprendre que les pôles magnétiques se sont inversés et ont changé de situation géographique à plusieurs occasions au cours de l'histoire de la Terre. Ce phénomène d'inversion des pôles et de migration géographique est encore assez mal compris et semble très erratique, ne répondant à aucune règle connue. Son origine et sa fréquence sont bien loin d'établir un consensus. Plusieurs parlent d'inversion tous les 100 000 ans environ, alors que la dernière inversion s'est produite il y a 780 000 ans. Ce qui rendrait tout à fait imminente une prochaine inversion. En fait, c'est là où la polémique est la plus grande. Le désaccord s'articule sur la durée de l'inversion. Certains scientifiques avancent le chiffre de 2 000 ans pour que s'accomplisse une phase d'inversion des pôles, alors que d'autres n'hésitent pas à parler d'inversion spontanée. En fait, la science nage en plein brouillard, tant en ce qui concerne la source réelle du champ magnétique terrestre qu'en ce qui a trait à sa nature et à la fréquence de ses inversions.

Les certitudes, c'est qu'une inversion des pôles magnétiques serait précédée par une période durant laquelle les pôles se baladeraient au hasard dans toutes les directions. Des recherches dans les couches sédimentaires datant de la dernière inversion des pôles magnétiques révèlent clairement par l'alignement des roches magnétiques que les pôles ont muté des dizaines, voire des centaines de fois dans toutes les directions avant de prendre à peu près leur position actuelle.

Cette période de mutation des pôles est très lourde de conséquences. Il est maintenant prouvé que la plupart des espèces animales, dont l'être humain, dépendent du champ magnétique terrestre pour des aspects vitaux de leur survie et de leur orientation.

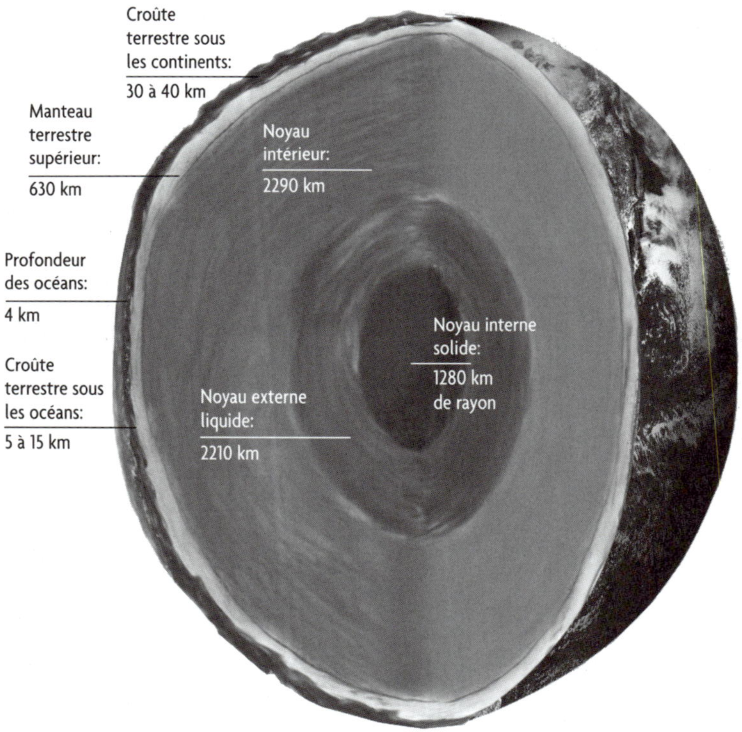

Une étude publiée en 2007 par le Centre international de recherche scientifique (CIRS) démontre que le noyau externe de la Terre tournait plus rapidement que le manteau, ce qui viendrait valider la théorie sur l'origine du champ magnétique terrestre.

Ceinturant la Terre, le champ magnétique, qui donne naissance à la région que l'on nomme magnétosphère*, agit comme un véritable bouclier et protège tout ce qui vit sur la planète contre le rayonnement cosmique provenant des profondeurs du cosmos et du vent solaire. Du côté d'où provient le vent solaire, la magnétosphère s'étend à plus de 60 000 kilomètres de la Terre. Dans le sens contraire, elle peut s'étirer jusqu'à des millions de kilomètres de distance, étant déformée par la force du vent solaire.

Le vent solaire et le rayonnement cosmique sont détournés par le champ magnétique à différentes altitudes selon la nature des particules, mais à certains moments, lorsqu'il y a saturation, des particules plus énergisées peuvent entrer dans la haute atmosphère et provoquer ce qu'on appelle des aurores boréales.

En 2003, on estimait que le champ magnétique terrestre avait perdu plus de 10 % de sa force durant les 150 dernières années. Depuis quelques années, l'intensité du champ magnétique varie et on observe même de véritables trous ou effondrements. Une telle disparition locale de plusieurs milliers de kilomètres carrés a été observée, entre autres, au-dessus de l'Atlantique Sud, entre l'Afrique et l'Amérique du Sud.

Un peu avant, pendant et un peu après une inversion des pôles, le champ magnétique terrestre serait nul ou presque nul, ce qui, en principe, laisserait passer les rayons cosmiques. Chargés de particules

Lors de tempête solaire, la Terre est bombardée de milliards de tonnes de particules solaires et de plasma. Notre seule protection contre ces énergies meurtrières c'est le champ magnétique terrestre.

hautement énergisées, ces rayonnements mettraient en danger toute forme de vie sur la Terre. Selon certains, tous les organismes vivants grilleraient à plus ou moins long terme ou encore développeraient des formes de cancers multiples et fulgurants. Le rayonnement cosmique causerait aussi des modifications graves et irréversibles à la structure qui constitue l'architecture de la vie: l'ADN*.

On craint d'ailleurs les rayonnements cosmiques pas seulement pour leurs effets néfastes sur la Terre. Les programmes spatiaux des pays ayant des ambitions de conquête de l'espace mettent de plus en plus l'accent sur la recherche en ce qui touche la protection des astronautes en orbite, mais surtout lors d'éventuels voyages interplanétaires.

Comme l'indiquait le magazine *Courrier international* (août 2007): «À cause d'une exposition à des flux de particules de haute énergie, les astronautes participant à des vols de longue durée présentent un risque accru de cancer et de troubles cognitifs [...]. Les psychologues russes ont observé sur les cosmonautes des stations Saliout et Mir l'apparition d'une grande irritabilité, d'asthénie et de paranoïa.» Et ce, même si la protection du champ magnétique terrestre était encore présente sur les orbites des stations en question et que les habitacles étaient pourvus de blindages protecteurs spéciaux.

Un autre aspect catastrophique de la disparition du champ magnétique terrestre et du bombardement de la terre par les rayonnements cosmiques serait de rendre tout matériel électronique inutilisable et de faire griller les lignes de transport d'électricité. Pouvez-vous imaginer un monde sans ordinateur, sans système ni satellite de communication, sans téléphone, sans radio ni télévision? Vous rendez-vous compte de l'omniprésence de l'ordinateur et des systèmes informatiques dans le contrôle de nos vies, de nos sociétés? De nos jours, tout est régi par l'informatique. Comment pourrait-on survivre à l'effondrement de tous les systèmes informatiques et donc aussi à l'arrêt des approvisionnements en énergie? Imaginez une panne électrique et informatique à la grandeur de la planète...

Le 13 mars 1989, en plein hiver, le Québec tout entier a été privé d'électricité. La cause en était une violente tempête solaire qui avait éclaté à la surface du Soleil trois jours auparavant et qui avait expédié un véritable coup de vent solaire chargé de particules hautement énergisées. À 2 h 44, ce 13 mars, le champ magnétique terrestre a vacillé brusquement et de façon importante, et une panne générale a plongé 7 millions de personnes dans le noir et dans le froid hivernal pour une dizaine d'heures.

Dans le cas d'une destruction massive des circuits électroniques provoquée par l'effondrement du champ magnétique terrestre, on aurait droit à l'effondrement de tous les systèmes de communication et des ordinateurs qui contrôlent actuellement presque l'ensemble des activités humaines à petite et à grande échelle. Les réactions en chaîne multiples qui s'ensuivraient provoqueraient le chaos. Panne d'énergie, panne d'approvisionnement en eau dans les villes, panne de chauffage, panne de radio. S'il y a panne de communication, il n'y a plus de plan d'évacuation, plus de coordination. Ceux qui ont vu le remake du film *La guerre des mondes*, d'après le roman de H. G. Wells et mettant Tom Cruise en vedette, auront eu une petite idée de ce que peut signifier une telle destruction des organes de fonctionnement et de contrôle de nos sociétés. Plus de téléphone, plus de radio, plus de moyen de transport, plus de télévision, plus d'Internet.

En bref, la destruction des circuits électroniques, outils précieux mais très fragiles aux effets néfastes des rayonnements cosmiques, signifierait, entre autres:

- voitures, trains, avions inutilisables;
- effondrement du système économique mondial;
- arrêt à grande échelle des approvisionnements en denrées;
- barrages hydroélectriques et digues incontrôlables menaçant d'inonder de vastes territoires habités;
- centrales nucléaires en arrêt et grand danger d'explosion des réacteurs atomiques;
- informations inaccessibles et isolement des communautés survivantes.

Chapitre 5

Facteur aggravant: un tueur qui s'éveille

Le Soleil est notre bienfaiteur. Sans lui, pas de vie. Sans sa chaleur, tout serait figé et gelé. Mais le Soleil est aussi un tueur extrêmement dangereux qui régulièrement entre dans des colères dévastatrices. L'observation de l'activité solaire est au cœur des préoccupations de beaucoup de scientifiques et de responsables de centres vitaux dans l'activité humaine. De grandes sociétés du monde de l'énergie ont un œil constamment tourné vers les rapports concernant les pics d'activités du Soleil.

Comme le disait William Liu de l'Agence spatiale canadienne, «la relation Soleil-Terre est loin d'être simple et tranquille. Des changements se produisent régulièrement et certains d'entre eux peuvent avoir de graves conséquences pour l'humanité.»

L'activité solaire connaît des cycles de onze ans au cours desquels il peut y avoir des épisodes de grande violence, de profondes perturbations du champ magnétique solaire et l'apparition de champs magnétiques multiples et mouvants donnant naissance à des tempêtes et à des déchaînements ahurissants de violence.

Durant les phases d'activité solaire accrue, les éruptions solaires produisent d'intenses rayonnements électromagnétiques accompagnés d'éjections d'immenses quantités de plasma* dans l'espace. Certaines de ces éjections de plasma qui ont été observées ont projeté dans l'espace des gaz surchauffés jusqu'à une hauteur de plus de 40 fois le diamètre de la Terre, soit à environ 520 000 kilomètres de la surface solaire. Ces éjections de matières peuvent se faire dans toutes les directions, donc vers notre planète.

Dans ces périodes, on voit aussi apparaître les taches solaires, manifestations de forts champs magnétiques locaux qui entraînent et organisent la matière solaire. Ces énormes quantités de matière en ébullition qui sont contraintes dans un champ magnétique se refroidissent alors en devenant plus sombres. De là leur apparence et leur nom de tache. La taille des taches solaires à la surface du Soleil peut atteindre plusieurs fois le diamètre de la Terre.

Pour mieux saisir une partie du danger que nous fera courir le Soleil dans les prochaines années, il faut comprendre un peu plus le fonctionnement du système des taches solaires. Le physicien solaire David Hathaway du Marshall Space Flight Center de la NASA explique ainsi le cycle d'activité solaire: «Il faut avoir conscience de ce que sont les taches solaires: il s'agit de l'extrémité de boucles enchevêtrées de champs magnétiques solaires générés par la dynamo interne du Soleil et où la matière est soudainement réorganisée et refroidie. Une tache solaire typique se résorbe en quelques semaines, laissant place à un champ magnétique local plus faible. Un mouvement de matière solaire plus froide, comme un tapis roulant, vient frôler la surface du Soleil, emportant avec lui les champs magnétiques affaiblis. Ces champs magnétiques sont entraînés dans les profondeurs du soleil à plus de 200 000 kilomètres (le diamètre total du Soleil est de 1 400 000 kilomètres) et reviennent en surface sensiblement amplifiés pour créer de nouvelles taches plus explosives.»

Lorsque ce tapis roulant va vite, c'est que la quantité de champs magnétiques est en augmentation, et cela signifie que le prochain cycle de taches solaires, donc de tempêtes solaires, sera plus fort.

Et le tapis solaire a tourné très rapidement entre 1987 et 1996. «Les vieux champs magnétiques solaires balayés durant toutes ces années réapparaîtront sous forme de gigantesques taches vers 2011 et 2012», continue Hathaway.

«Le maximum de l'activité solaire coïncidera donc avec l'année 2012. Des tempêtes solaires d'une ampleur peut-être jamais observée sont à prévoir pour cette période», constate Mausumi Dikpati, chercheure au National Center for Atmospheric Research au Colorado.

Cette période d'intense activité solaire pourrait culminer, selon d'autres scientifiques, avec une diminution notable et déjà amorcée du champ magnétique terrestre, notre seul bouclier contre les rayonnements meurtriers provenant du cosmos et du Soleil.

Des tempêtes solaires de grande intensité ont eu lieu dans le passé. Une équipe de chercheurs a reconstitué grâce à d'anciennes données et à des archives de journaux, un scénario très proche de ce qui s'est produit au début de septembre 1859. Ce fut probablement l'une des pires tempêtes depuis le début de notre ère. Presque simultanément, les réseaux télégraphiques d'Amérique du Nord et de l'Europe furent mis hors de service et les gens purent observer des aurores boréales à des endroits où il n'y en avait jamais eu auparavant. Le ciel nocturne de Rome, de la Havane et d'Hawaï s'est retrouvé illuminé comme on peut le voir dans le Grand Nord. Quelques jours auparavant, au cours d'une canicule d'une rare intensité, les observateurs avaient pu voir sur le Soleil la formation de taches énormes. De violentes éruptions au sein de ces taches avaient libéré soudainement des quantités d'énergie considérables. Mais le premier jour de septembre, une éruption surpassa tout ce qui avait été vu jusqu'alors. Pendant quelques minutes, la quantité d'énergie éjectée fut le double des éjections les plus fortes. Un nuage de gaz surchauffés accompagna cette éruption titanesque. Ce nuage de plasma aurait normalement dû prendre de deux à quatre jours pour atteindre le champ magnétique terrestre. La force de cette éruption était si phénoménale que le nuage de particules fortement énergisées frappa la Terre en un peu moins de 18 heures.

Cette matière solaire contenait aussi de puissants champs magnétiques qui ont submergé le champ magnétique terrestre, permettant aux particules les plus actives et dangereuses de pénétrer notre bouclier magnétique. Les chercheurs n'ont pas pu mettre la main sur des données médicales pouvant déterminer s'il y avait eu une recrudescence de maladies comme le cancer liée à cet événement, mais nous savons avec assurance que les réseaux électriques et de communication furent lourdement endommagés.

C'était en 1859. Les réseaux électriques n'étaient pas très vastes et ils étaient passablement moins vitaux qu'aujourd'hui. Les réseaux télégraphiques, quant à eux, n'existaient que depuis une quinzaine d'années. Imaginez les dégâts d'une telle tempête aujourd'hui. Ce serait une véritable catastrophe planétaire.

En octobre 2003, un autre événement solaire d'une vigueur rarement atteinte expulsa dans l'espace un flux de rayonnement d'une brutalité inimaginable. Une éruption solaire exceptionnelle dégagea un flux de particules mille fois plus intense que la normale. Ce flux se dirigeait en plein vers la Terre à plus de 2 125 kilomètres à la seconde. La vitesse plus normale pour ce type de rayonnement est de l'ordre de 700 kilomètres par seconde.

En janvier 2005, la tache solaire n° 720 est passée d'un petit point sombre de quelques centaines de kilomètres de diamètre sur la surface du Soleil à un véritable monstre de la taille de Jupiter. En quelques jours, cette tache a atteint plus de 170 000 kilomètres de diamètre. Plusieurs éruptions ont eu lieu au sein de la spectaculaire tache n° 720. Elle est devenue si gigantesque qu'elle était visible à l'œil nu (mais protégé adéquatement, faut-il le rappeler!). La matière éjectée du Soleil lors d'une de ces puissantes éruptions a voyagé vers la Terre si rapidement que tous les spécialistes sont restés sans voix. Jamais on n'avait vu pareille vitesse. On calculait la vitesse des particules éjectées à 7 500 kilomètres par seconde.

Pour comprendre le danger qui s'additionne ici, il faut comprendre que selon Einstein et sa théorie de la relativité, les particules voyageant à la vitesse de la lumière auraient une masse infinie. Par déduction, on peut aussi dire qu'une particule qui se déplacerait à une vitesse proche de celle de la lumière aurait une masse considérablement accrue.

En d'autres mots, plus la vitesse est grande, plus la force d'impact est grande. Si vous recevez une balle tirée par un fusil ou lancée à la main par un homme (si fort soit-il), les effets ne seront pas les mêmes. La vitesse à laquelle est projetée la balle par le fusil détermine la force de l'impact.

Lors de la plus forte éruption de la tache solaire n° 720, les particules qui ont atteint la Terre avait voyagé à une fraction de la vitesse de la lumière. Un peu plus vite et couplé à l'effet des champs magnétiques qui ont été submergés, cette éjection de matière aurait pu être comparée à une volée de plombs tirée par le Soleil dans notre direction.

QUE NOUS RÉSERVE LE SOLEIL?

Selon plusieurs scientifiques, le prochain cycle risque d'être d'une intensité jamais vue et on commence à en craindre sérieusement les conséquences désastreuses sur Terre. On établit aussi de plus en plus de liens entre l'activité du Soleil et les dérèglements du climat. Les grandes perturbations solaires de 2005 ont pour plusieurs été à la source d'une des pires saisons des ouragans de l'histoire. Tout comme d'ailleurs les épisodes de neige en Europe et de chaleur exceptionnelle en Amérique du Nord en janvier 2007. Toutefois, à cette période, c'était plutôt une accalmie hors de l'ordinaire qui était en cause. Les taches solaires avaient complètement disparu. C'était le calme plat, mais inquiétant tout de même.

«Le prochain cycle de taches solaires sera de 30 à 50 % plus actif que le précédent», a dit Mausumi Dikpati. Les années à venir connaîtront un surcroît d'activité solaire qui se comparera sans aucun doute aux maximums historiques. Ce prochain cycle sera fort probablement le plus intense depuis que l'on observe l'évolution des taches solaires, soit depuis Galilée en 1610, et il sera à son stade le plus actif en 2012. Les Mayas qui ont été les plus attentifs et les plus brillants astronomes auraient-ils anticipé cet apogée de l'activité solaire?

Nous venons de traverser un des plus intenses cycles de taches solaires et quatre des plus violents cycles ont eu lieu ces dernières 50 années. Selon Sami Solanki, physicien allemand, notre Soleil n'a jamais été aussi actif en 11 000 ans, et ce n'est pas seulement une question de hausse de chaleur, c'est aussi une question de rayonnement potentiellement dangereux et de graves perturbations climatiques.

Après ce portrait de la situation du plus grand tueur potentiel de notre environnement, il est plus qu'indispensable de s'attarder sur la notion de convergence des catastrophes.

En résumé, si le Soleil entre dans une phase d'hyperactivité et de violentes tempêtes, la Terre sera exposée à un véritable mitraillage. Les particules solaires hautement énergisées et très dommageables pourraient bien déstabiliser le champ magnétique terrestre et laisser entrer par la même occasion plus de rayonnements cosmiques encore plus énergisés. Cette fusillade anéantirait toutes les formes de technologie sur Terre et rendrait inutilisables les réseaux électriques et de communication, infrastructures indispensables au fonctionnement de nos sociétés.

Par son activité en hausse, le Soleil perturbera aussi la biosphère et le climat terrestre: il y aura entre autres une disparition partielle mais en hausse de la couche d'ozone; une fonte des glaces aux pôles, et de la neige au Groenland, qui pourrait faire augmenter le niveau des océans de 3 à 8 mètres (un milliard de personnes vivent à 3 mètres et moins d'altitude); une inondation et une salinisation de 30 à 50 % des terres arables de la planète.

L'effet de serre qui fait augmenter la température à la surface de la Terre pourrait lui aussi connaître un emballement causé par les changements dans la biosphère. Il y a notamment le danger que le pergélisol*, qui représente une couche de sol gelée en permanence d'une épaisseur de 400 à 800 mètres sur une surface de 25 millions de kilomètres carrés, dégage en se réchauffant des millions de tonnes de méthane: un puissant gaz à effet de serre beaucoup plus dommageable que le CO_2.

Quel sera notre sort au centre de toutes ces forces colossales qui se déchaîneront et se nourriront les unes les autres? Il y a un grand péril pour le genre humain. Si cette destinée était écrite dans le ciel, les Mayas l'avaient sûrement décodée.

La centrale nucléaire de Vandellos, en Espagne, située à proximité de nombreux lieux de villégiature. La centrale comprenait initialement deux réacteurs, mais aujourd'hui seul le deuxième réacteur reste en fonction, le premier ayant été partiellement détruit par un incendie en 1989. Ce genre de situatin met en évidence le potentiel de risque des centrales nucléaires.

Chapitre 6

Le nucléaire, un autre facteur aggravant dans la convergence des catastrophes

Pour la plupart des gens, la menace du nucléaire est classée dans la filière du passé. La guerre froide étant devenue chose du passé, on croit que le danger d'un holocauste nucléaire ne nous guette plus. Malgré les reportages mettant en évidence l'intérêt de groupes terroristes pour la fabrication de bombes en vue de perpétrer des attentats, la population ne semble pas considérer le risque comme important. Pourtant, plus que jamais, les armes nucléaires représentent un immense danger pour le genre humain.

Comme le disait Roméo Dallaire, général à la retraite de l'armée canadienne, dans une lettre ouverte publiée dans l'édition du journal *Le Devoir* du 28 avril 2007: «Pour beaucoup, la menace des armes de destruction massive et la possibilité d'un holocauste nucléaire a semblé s'atténuer avec la fin de la guerre froide, au début des années 90. Nous devons nous rendre compte que ce n'est pas le cas et comprendre que le fait de s'accrocher à cette illusion est peut-être plus dangereux que l'équilibre de la terreur qui régnait lorsque les deux superpuissances cherchaient à s'intimider l'une l'autre. Nous vivons aujourd'hui dans une fausse sécurité.»

Encore aujourd'hui, il y aurait dans le monde plus de 27 000 armes nucléaires prêtes à être utilisées, dont environ 2 500 pouvant être lancées en moins de trente minutes. Ces armes sont en permanence pointées sur des villes populeuses.

Tout le monde est d'accord pour affirmer qu'un jour ou l'autre, une erreur ou un incident provoquera la mort et mettra en danger la santé de milliards de personnes. Toujours selon le général Dallaire: «Comme j'ai pu le constater au Rwanda, le génocide à la machette est un spectacle terrifiant. Au Darfour, nous assistons à un génocide au ralenti causé par la famine, la maladie et le banditisme. Mais ces deux horribles crimes contre l'humanité peuvent nous sembler tout à coup de moindre importance comparativement aux millions de victimes qui mourraient instantanément dans une explosion nucléaire et aux centaines de millions — et peut-être même aux milliards — de personnes qui succomberaient par la suite aux effets des radiations, des retombées nucléaires et du cataclysme environnemental qui en découlerait. L'espèce humaine pourrait bien s'éteindre.»

En 2008, en plus des armes nucléaires, il y avait 442 réacteurs atomiques en opération dans le monde. Ces réacteurs, tout comme les missiles nucléaires, doivent être considérés comme des armes de destruction massive, car malgré toutes les assurances que l'on nous sert, ils mettent en danger les populations environnantes dans un rayon de plusieurs dizaines de kilomètres. De plus, les habitants de vastes territoires, surtout sous les vents dominants, courent aussi de grands dangers.

Et qu'adviendrait-il s'il y avait une tempête solaire de très grande violence qui anéantissait les systèmes de sécurité des centrales nucléaires dépendants de systèmes électroniques fragiles? Ces systèmes de sécurité ont des systèmes parallèles et autonomes de refroidissement des réacteurs nucléaires en cas de panne des systèmes principaux. Mais si ces systèmes secondaires étaient aussi mis hors service par la destruction des circuits électroniques qui les activent et les contrôlent? Il n'y aurait alors plus de refroidissement des réacteurs et ils surchaufferaient très rapidement. Il y aurait fusion et explosion des réacteurs.

La très grande majorité des centrales nucléaires se trouvent dans des zones fortement habitées. Au Japon seulement, on dénombre 55 réacteurs atomiques répartis dans 17 centrales. En Europe (excluant la Russie), on en trouve 135, et aux États-Unis, 105. Durant quelques années, il y a eu un ralentissement du développement de l'énergie nucléaire un peu partout dans le monde, mais depuis 2007 les programmes nucléaires sont réactivés dans de nombreux pays. Même au Canada, où ce type d'énergie n'a jamais eu la cote, plusieurs projets de centrales sont prêts à passer à la phase de construction en Ontario et en Alberta. Le prétexte d'une source d'énergie propre sous-tend ce renouveau de l'énergie nucléaire. Mais ce n'est là qu'un leurre. Comment peut-on parler d'énergie propre alors que le problème majeur du stockage sécuritaire des déchets nucléaires sur des périodes de plusieurs milliers d'années n'est aucunement résolu?

Le nucléaire pourrait plutôt contribuer à l'anéantissement de la race humaine en s'ajoutant aux dangers qui guettent notre civilisation. L'humanité traverse actuellement une période hautement à risque. Les grands prêtres mayas avaient-ils perçu cela et la fin du décompte du temps du calendrier maya était-il un avertissement?

Plusieurs civilisations se sont déjà écroulées au cours de l'histoire. Mais aujourd'hui, la civilisation qui est menacée d'extinction compte de 6 à 7 milliards d'individus reliés étroitement les uns aux autres, et l'avancement technologique que nous avons atteint et dont nous nous enorgueillissons nous fragilise plus qu'il nous protège, à bien des égards, et pourrait contribuer à une convergence et une réaction en chaîne de catastrophes.

L'humanité pourrait être précipitée dans un chaos d'une ampleur sans précédent. Lors des grandes catastrophes survenues dans le passé, la race humaine était peu développée et organisée. Lorsque le niveau d'organisation est faible, l'effondrement reste limité et la réorganisation est simplifiée. Ce n'est plus le cas aujourd'hui.

Il faudrait que nous prenions conscience de notre fragilité pour recentrer nos priorités. Une partie des dangers qui peuvent provoquer notre péril pourrait être écartée. Comme pour une voiture qui se dirige droit sur un mur, au lieu de peser sur l'accélérateur, nous pourrions encore avoir le temps de freiner pour diminuer l'impact.

«Le climat change rapidement. Les océans et l'atmosphère se réchauffent à un rythme inquiétant. Notre environnement se contamine et les sols s'appauvrissent. Les déserts gagnent du terrain et les forêts disparaissent. Qu'est-ce qui sauvera notre race? Les lois de la libre entreprise et du profit à tout prix? L'économie qui croît comme un cancer et qui étouffe l'homme et la nature? Cela ne peut être la voie. Et si ça l'est, ce sera pour une période très brève de l'histoire qui se terminera par notre disparition.»

— Fidel Castro, devant une assemblée
de l'Organisation mondiale de la Santé en 1997.

Chapitre 7

Scénario fiction

Effondrement du champ magnétique terrestre au cours du processus d'inversion des pôles magnétiques

1ER DÉCEMBRE 2012.
Les experts des plus importantes nations sont rassemblés depuis une dizaine de jours, à l'initiative des Nations Unies, pour tenter de comprendre ce qui arrive au champ magnétique terrestre.

Toute l'année, les observateurs ont constaté de brusques fluctuations d'intensité et, par moments, l'effondrement de pans entiers du champ magnétique. L'axe des pôles magnétiques a fait des bonds de plusieurs centaines de kilomètres dans une migration géographique tout à fait incohérente et imprévisible. En temps normal, les pôles magnétiques se déplacent en moyenne de 50 kilomètres par année, alors que dans les derniers mois ils se sont déplacés de 50 kilomètres par jour.

Plusieurs volcans inactifs depuis des siècles se sont subitement éveillés. D'autres, surtout le long des grandes limites des plaques* lithosphériques, ont accentué leur activité, forçant l'évacuation des populations environnantes.

Des scientifiques avancent des théories pouvant lier l'effondrement du champ magnétique et le brusque regain d'activité sismique et volcanique. On parle de plus en plus d'une possibilité de désynchronisation entre le noyau et le manteau interne de la Terre pouvant perturber la rotation même de la planète et réduire considérablement l'effet dynamo. On aurait constaté une diminution phénoménale du temps de rotation de l'ordre de 5 secondes par mois. Ce qui est énorme si on considère que depuis 400 millions d'années, notre planète aurait perdu un peu plus de 2 heures dans sa rotation sur elle-même, c'est-à-dire deux dixièmes de un millionième de seconde par jour (0,0000002 seconde).

Ce ralentissement pourrait être en partie une conséquence encore difficile à définir du grand nombre de particules cosmiques qui atteignent la surface du globe. Un accroissement de l'activité du magma* terrestre aurait augmenté la pression sur la croûte terrestre, ce qui aurait provoqué la dislocation des plaques lithosphériques, libérant la roche en fusion. Toute cette recrudescence d'activité aurait également causé une plus grande pression vers l'intérieur de la planète et occasionné une friction entre le noyau et le manteau interne. D'autres ajoutent aussi l'hypothèse que la rotation de la Terre serait ralentie par l'effet combiné du rayonnement cosmique et des vagues déferlantes de plasma solaire, la Terre étant moins protégée par le champ magnétique.

Pendant que les populations s'inquiètent, les informations sont confuses et un état de panique pourrait s'installer rapidement. On sait qu'une forte augmentation des cas de cancers peut être une des conséquences d'une exposition aux rayons cosmiques. Les gouvernements demandent aux populations de ne pas sortir en plein soleil, mais ceux qui sont plus renseignés sur ce genre de rayonnements savent très bien que le fait de rester dans sa maison ne protège aucunement des effets négatifs du rayonnement cosmique. Les particules hautement énergisées ne peuvent être stoppées que par d'épais blindages ou par un champ magnétique intense.

On prévoit aussi une augmentation rapide des températures car, selon certains experts, le bombardement accru de la haute atmosphère par le vent solaire détruirait l'ozone à un rythme accéléré et causerait des réactions chimiques difficiles à prévoir qui pourraient contribuer à l'accroissement de l'effet de serre. Orages violents, cyclones et ouragans dévastateurs sont à prévoir, avec une réaction en cascade amplificatrice.

12 DÉCEMBRE 2012.

Les populations des zones en bordure des mers et des océans sont avisées de leur évacuation imminente vers l'intérieur des continents, car le niveau des mers monte à un rythme jamais constaté auparavant. Les glaces des pôles et du Groenland ont presque totalement disparu et des régions côtières sont inondées à une vitesse surprenante.

En Amérique du Nord, la côte ouest a connu une augmentation de plusieurs degrés de la température et les foyers d'incendie, causés par la lave s'échappant d'une vingtaine de volcans, dévastent la végétation complètement desséchée de la Californie jusqu'à l'Alaska. Au centre du continent, les températures oscillent constamment, passant du point de congélation à plus de 40 degrés d'une semaine à l'autre, en partie à cause des nuages de cendres qui proviennent de l'ouest. Dans certaines régions, surtout le long du fleuve Mississipi, des tornades géantes disséminent les populations désorientées qui s'accrochent tout de même à leurs propriétés dévastées.

Sur la côte est, les ouragans remontent le long du continent jusqu'au Labrador, déversant des trombes d'eau sur les rivages, inondant les terres jusqu'à des distances jamais imaginées. Les grandes villes américaines en bordure de l'Atlantique sont des zones sinistrées. Les nombreuses victimes prises au piège succombent par milliers dans la noirceur et le froid. La nuit comme le jour, l'obscurité est presque totale, car les épais nuages de cendres volcaniques mêlées à la fumée dense des incendies masquent la lumière du Soleil. Il n'y a plus de réseaux de transport d'électricité, et les secours tardent à s'organiser.

Au nord, le Canada subit les mêmes inconvénients, mais en pire, car le froid nordique ne peut plus être combattu. Il n'y a plus de transport d'énergie, alors des villages et des villes sont devenus de vrais cimetières gelés.

En Europe, les températures fléchissent à l'ouest et flambent à l'est. La neige s'accumule sur la France, l'Angleterre, l'Espagne et l'Italie. La Grèce, les Balkans, l'Allemagne, la Pologne sont en feu. Les feux de forêts embrasent l'Europe centrale.

En Asie, le Japon tremble violemment. Les côtes de la mer de Chine sont balayées par des typhons dévastateurs et l'Indonésie, les Philippines et le Vietnam comptent des réfugiés par millions, repoussés par des vagues géantes qui pénètrent loin dans les terres et qui balaient des centaines d'îles.

Des plans d'urgence sont péniblement mis en place, mais ils ne servent à rien, car dans les régions où l'on évacue les populations, d'autres cataclysmes surviennent.

17 DÉCEMBRE 2012.
Plusieurs centrales nucléaires sont sur le point d'exploser. Leurs réacteurs surchauffés sont abandonnés car incontrôlables, tous les systèmes de refroidissement étant en panne complète. Pour quelques-uns, des systèmes auxiliaires ont pu être activés manuellement, mais pour les autres, personne ne peut prévoir ce qui arrivera. Alors, c'est le sauve-qui-peut généralisé.

21 DÉCEMBRE 2012.
Sur toute la surface de la Terre, partout, les communications cessent presque au même moment. Tous les systèmes informatiques tombent en panne. Rayonnement cosmique et vent solaire ont eu raison des fragiles circuits électronique qui sont au cœur de toute la technologie.

Les téléviseurs, les radios, les téléphones se taisent. Même les réseaux de transport d'électricité ne fonctionnent plus. Les humains n'ont maintenant plus la capacité de communiquer entre eux. Démunie et fragile devant ce déchaînement d'apocalypse, l'humanité survivra-t-elle?

Ce scénario est le pire que je puisse imaginer, mais il n'est pas le pire qui puisse survenir. Souhaitons qu'il ne devienne jamais réalité. Comme le disait l'astrophysicien Hubert Reeves il y a quelques années: «Je reste résolument optimiste, mais je suis de plus en plus soucieux pour l'avenir.»

Troisième partie

2012, une fenêtre évolutive et un pas vers un homme nouveau

Chapitre 8

L'évolution

La fin d'une période approche et le début d'une autre suivra. Qu'il arrive quoi que ce soit à la fin de l'année 2012, c'est-à-dire à la fin du Compte long du calendrier maya, il est certain qu'autre chose suivra. Les tenants d'un message d'apocalypse où l'humanité telle que nous la connaissons pourrait être anéantie de façon dramatique doivent tout de même admettre qu'une autre période suivra celle qui se terminera.

Comme nous l'avons vu, il n'y a absolument rien qui puisse nous permettre de prétendre qu'une telle hypothèse apocalyptique soit irréaliste ni même improbable. Notre planète est un endroit très actif. De son noyau ferreux jusqu'aux couches supérieures solides du manteau terrestre, cette boule sur laquelle nous vivons, remue, tressaute, explose et sa surface se craque, se contracte, se fend, se déforme et est exposée à tous vents (solaire et cosmique).

Nous avons sous les yeux toutes les preuves des multiples catastrophes qui ont rayé du monde du vivant des espèces animales qui vivaient et se multipliaient. La disparition des dinosaures constitue l'un des plus spectaculaires de ces anéantissements. Des centaines d'espèces de dinosaures ont été rayées si rapidement à différents endroits de la planète qu'il a fallu un cataclysme d'une incroyable amplitude pour causer de semblables dégâts. Il est tout à fait possible qu'une catastrophe d'une telle ampleur se produise de nouveau, cette fois, ce serait avec beaucoup plus de dégâts.

La grande aventure de notre Terre a vu des sociétés humaines disparaître lors de désastres dramatiques. Certains sont documentés de façon assez certaine, d'autres sont plus nébuleux. Les forces titanesques de la nature peuvent avaler la vie et la faire disparaître en un clin d'œil. C'est indéniable et il ne faut pas l'oublier.

Toutefois, à l'opposé des tendances apocalyptiques concernant ce fameux 21 décembre 2012, il y a des thèses évolutives qui voient plutôt là une occasion d'évolution pour tout le genre humain,. Ces théories dans les interprétations de la fin du calendrier maya sont multiples et sont souvent plus ou moins liées au domaine de l'ésotérisme. On parle aussi de pressions évolutives dues à un environnement de plus en plus contraignant.

HOMO SAPIENS SAPIENS VS HOMO SUPERMODERNUS

L'homme, en tant qu'espèce, a évolué constamment depuis son apparition sur Terre. L'évolution ne s'arrêtera pas à l'homme moderne, et les conditions actuelles seraient même optimales pour permettre un passage à un stade plus avancé. Un homme nouveau, un superhomme moderne pourrait apparaître, si ce n'est déjà fait. La pression évolutive n'aura jamais été aussi forte pour transformer l'homme moderne en un autre homme. Il y a eu *Homo habilis*, *Homo neanderthanlensis*, *Homo sapiens*, *Homo sapiens sapiens*. Qui pourrait suivre? *Homo supermodernus*?

L'homme actuel ne représente pas le sommet de l'évolution, pas plus que Néandertal ne l'était, même si à l'ère où il a vécu, il était probablement un être très évoluée, au sommet de la pyramide du monde vivant. Les autres parents de l'homme, comme *Homo erectus* et *Homo habilis*, ont tous atteint un stade où ils occupaient la plus haute place de l'évolution dans la grande famille des hominidés. Mais, immanquablement, le suivant apparaissait et il était plus avancé, mieux adapté à des conditions environnementales en changement.

Si vous aviez pu demander à un homme de Néandertal, à son apogée, s'il était l'être au sommet de la création, il aurait répondu par l'affirmative. Car il ne savait pas ce qui allait suivre. Les Mayas ont-ils découvert cela dans leurs études du ciel, du mouvement des astres et de leurs relations avec les événements terrestres?

La grande mécanique céleste qu'ont observée les Mayas durant des millénaires contenait-elle un message sur l'évolution de la race humaine? Ont-ils vu que l'homme moderne pourrait être dépassé par une autre branche évolutive? Si c'est le cas, est-ce que cette nouvelle espèce pourrait déjà être présente parmi nous? Quelles seraient les qualités qui en feraient un être supérieur? Car c'est de cela qu'il s'agit. Dans l'histoire, y a-t-il eu une nouvelle espèce qui fut moins évoluée que la précédente? *Homo habilis* apprit à se servir d'outils, *Homo erectus* se leva debout et devint un chasseur redoutable tout en perfectionnant les outils de son prédécesseur. Tout comme les Mayas l'ont décrit dans leur histoire du monde: le nouveau monde s'élève toujours sur les cendres de l'ancien.

Bien entendu, lorsque je parle d'évolution, il n'est pas question de l'évolution des sociétés les unes par rapport aux autres. Plusieurs anciens peuples n'étaient pas moins évolués en tant que société que certains peuples d'aujourd'hui.

Les Mayas, malgré certains aspects sanglants — qu'il faut d'ailleurs toujours replacer et analyser dans leur contexte historique — formaient un peuple sophistiqué. Le degré d'évolution des sociétés est plus adéquatement établi par des barèmes de sagesse, de compassion, d'expression artistique et de développement des connaissances (toujours selon leur contexte historique). Les Perses, les Égyptiens, les Sumériens ont connu des heures de gloire où leur développement a été prodigieux. Il y a une différence fondamentale et très importante à saisir entre progression des sociétés et évolution des espèces, même si l'évolution des espèces peut être propulsée par le degré d'évolution des sociétés.

Une des premières grandes fractures évolutives entre les singes et les premiers hommes aurait été causée par un changement radical du climat en Afrique dans la zone connue aujourd'hui sous le nom de Grand Rift africain. Un effondrement spectaculaire et relativement soudain des plaques lithospériques a eu comme conséquence la formation d'une structure géologique qui a conduit à une différenciation climatique majeure entre la région à l'ouest, humide et boisée, et la région est, beaucoup plus sèche et occupée par la savane. Deux lignées évolutives auraient ainsi vu le jour et auraient divergé, aboutissant, à l'ouest, aux grands singes arboricoles et, à l'est, aux australopithèques, ancêtres d'*homo sapiens*. La marche qui caractérise le genre humain serait une adaptation à sa vie dans la savane.

Voici l'exemple d'une pression de l'environnement qui aurait provoqué l'évolution d'une espèce.

UN PIONNIER

Un des tout premiers à avoir lancé un pavé dans la mare du concept de l'homme moderne, sommet de la création et de l'évolution, a principalement vécu en Inde. Enfant brillant qui avait réussi ses études en Angleterre, Sri Aurobindo (1872-1950) était un homme exceptionnel qui, à peine âgé de 27 ans, devint directeur d'un collège réputé après y avoir été professeur. En 1906, il revint du Bengale pour vivre dans sa ville natale, Calcutta, où il allait devenir un leader politique très actif pour la cause de l'indépendance de son pays. Résistance passive et non-coopération étaient ses armes contre le régime britannique.

Emprisonné durant toute l'année 1908 parce que soupçonné d'avoir participé à la fabrication de bombes, Sri Aurobindo a découvert la méditation et le yoga. C'est le point tournant le plus important de toute sa vie. Il quitta la politique pour s'engager sur la voie de la recherche spirituelle et de la pensée évolutive.

L'originalité de Sri Aurobindo aura été de combiner la pensée scientifique et l'expérience spirituelle dans l'univers de l'évolution. Sa conception de l'évolution humaine est de plus en plus reprise aujourd'hui, quoique de façon différente.

Pour Aurobindo, l'évolution n'en était qu'à mi-chemin. Il y avait d'autres stades qui attendaient de se manifester spontanément. Pour lui, la matière dont est fait le corps humain possède une conscience qui est elle-même englobée dans la conscience humaine. La conscience mentale humaine incorpore à la fois, toujours selon Aurobindo, une conscience vitale héritée des animaux (issue du vivant) et une conscience physique (issue de la matière) héritée des premières formes de vie. Et c'est au cœur des cellules que se jouerait la prochaine évolution humaine en accueillant la conscience divine au cœur de la matière.

On sent bien l'influence des origines culturelles indiennes dans la pensée d'Aurobindo. C'est tout le processus du divin qui imprègne la matière et qui cherche à se manifester. Tous ceux qui s'intéressent à la recherche du sens de l'héritage des Mayas selon une perspective d'un passage évolutif devraient prendre connaissance des écrits de ce grand maître indien. Dans *La Vie divine – L'évolution spirituelle*, Sri Aurobindo cherche, entre autres, à décrire le cheminement de la conscience qui origine de Dieu dans la matière inerte jusqu'au vivant. «Au début, la Conscience-Force se loge en des formes matérielles qui paraissent totalement inconscientes, puis elle s'efforce vers le mental sous l'apparence de la matière vivante et y atteint imparfaitement dans l'animal conscient. Cette conscience est d'abord rudimentaire, c'est surtout un instinct à demi subconscient ou tout juste conscient; puis elle se développe lentement, jusqu'à des formes plus organisées de la matière vivante, elle atteint son plus haut point d'intelligence et se déplace elle-même dans l'homme, l'animal pensant qui devient l'être mental capable de raison.» ... et d'aspirer au divin.

Mais même ainsi porteur de la conscience, l'homme continue à transporter au fond de lui le poids de ses origines animales. Il lui faudra se libérer de la force d'inertie de la matière dont il est constitué pour aspirer à un nouveau stade d'évolution.

«Ce nouvel homme mental doit encore développer en lui l'être pleinement conscient, poursuit Aurobindo. Une humanité divine ou une surhumanité spirituelle et supramentale sera le prochain produit de l'évolution.»

Ainsi, l'évolution pourrait se faire dans la lumière de la connaissance et non plus à tâtons dans la pénombre de l'inconscience et de l'ignorance.

D'AUTRES POINTS DE VUE

Bien que n'étant pas du même héritage spirituel, plusieurs personnes qui s'associent à l'étude des calendriers mayas croient que la venue de décembre 2012 provoquera un changement dans la matière constituante de nos corps. Par un effet des rayons cosmiques et solaires, l'être humain serait poussé vers un grand changement qui sera, toujours selon certains auteurs ésotériques, l'aboutissement d'une pression évolutive sans précédent.

José Argüelles, auteur bien connu et spécialiste des calendriers mayas, affirme que la fin du présent cycle calculée par les prêtres mayas signifie l'évolution de la conscience humaine. Argüelles et d'autres auteurs tout aussi connus, comme Jay Weidner et Barbara Hand Clow, mentionnent aussi la possibilité que le genre humain acquière presque spontanément des facultés télépathiques.

Ces nouvelles facultés provoqueraient un changement incontournable et forcé dans notre attitude et nos comportements envers nos semblables. Comment mentir à quelqu'un qui peut lire dans vos pensées? À plus forte raison, si vous pouvez aussi faire de même?

Personnellement, je ne peux adhérer à cette hypothèse d'une faculté télépathique qui apparaîtrait presque du jour au lendemain chez tous les individus. Surtout que, toujours selon Argüelles et compagnie, ce changement majeur serait provoqué par notre exposition aux rayons cosmiques et solaires. Le champ magnétique terrestre serait, selon cette théorie, presque inexistant à la fin de l'année 2012, à cause d'une période préliminaire à une inversion des pôles magnétiques.

C'est tout le contraire qui est généralement admis, cette période d'exposition sans la protection habituelle du champ magnétique terrestre devrait être plus dommageable que bénéfique. Comme je le rapporte dans la première partie, les astronautes qui font des sorties dans l'espace doivent être protégés contre ce type de rayonnement. Prendriez-vous un bain de rayons X? Pas moi.

Il y a tout de même une incertitude quant aux conséquences de la disparition du champ magnétique terrestre sur la santé des êtres vivants. D'autres facteurs inconnus et imprévisibles pourraient se manifester et venir compenser les dangers des rayonnements cosmiques et du vent solaire. Mais, de là à provoquer des mutations qui nous permettraient de faire de la télépathie, il y a un pas que je ne franchirai pas.

L'ARBRE COSMIQUE SACRÉ

Dans le Popol Vuh, le livre sacré des Mayas relatant l'histoire du monde, l'Arbre sacré permet de plonger loin vers les racines de la vie. Symboliquement, cet arbre est l'origine de la création. Tout émane de lui. Cet arbre étend son ramage aux quatre coins du ciel et sa sève nourrit le monde.

Dans plusieurs textes d'auteurs à tendances ésotériques, il est aussi question d'un rayonnement qui proviendrait du centre de notre galaxie. Encore là, c'est assez flou et les explications sont pratiquement inexistantes à ce sujet. Au solstice d'hiver 2012, donc le 21 décembre, le centre de notre galaxie se trouvera derrière le soleil levant. Ce phénomène, lié à la précession des équinoxes, ne se produit qu'une fois tous les 26 000 ans. «Le soleil se lèvera alors pour se joindre à l'intersection de la Voie lactée et du plan écliptique pour former l'Arbre cosmique sacré», mentionne Barbara Hand Clow.

On retrouve cet Arbre cosmique sacré dans de nombreuses traditions anciennes. Dans plusieurs cultures, l'Arbre cosmique est la source de la connaissance et de l'évolution. La Nature sacrée y trouve un refuge et un canal pour communiquer avec les hommes. Mais depuis des siècles, l'homme a perdu contact avec la Nature sacrée, source de sagesse. S'agirait-il d'une illumination nous ramenant à nos sources plutôt que d'un rayonnement galactique? Plusieurs auteurs se seraient-ils ainsi trompés sur les événements qui pourraient survenir lors de l'alignement du Soleil et du centre de la Voie lactée? Les Mayas ont-ils anticipé l'éloignement que l'homme allait prendre sur ce que la nature peut lui enseigner? Pensaient-ils que la fin du treizième Baktun et la fin du Compte long réuniraient les circonstances favorables à un retour aux sources sacrées, favorisant du même coup une évolution naturelle?

John Lash, écrivain ésotérique connu mondialement, quoique controversé, écrit: «Le cours de l'expérience humaine, durant les 6 000 dernières années, a été le témoin d'un déclin permanent de la capacité humaine d'accéder aux ressources poético-visionnaires symbolisées par l'Arbre et la Source sacrés. Pour des raisons qui sont éminemment difficiles à appréhender, la sagesse primordiale préservée dans les traditions chamaniques a dégénéré ou a été éradiquée. À sa place a émergé une autre orientation religieuse, un système dogmatique et totalitaire de croyances représenté principalement par les doctrines des credo abrahamiques, le Judaïsme, le Christianisme et l'Islam. Pourquoi la culture moderne de toute la planète est-elle dominée par des histoires qui ne reflètent pas la sagesse visionnaire authentique nécessaire pour guider l'humanité sur son chemin propre d'évolution? [...] Presque tous les aspects de la société moderne encouragent l'égoïsme et la séparation, divisant les êtres humains les uns contre les autres, en une lutte darwinienne* pour la survie. Ces comportements sont renforcés et encouragés par les scénarios scientifiques, religieux et culturels qui sont le reflet d'une soif insatiable de domination et de contrôle.»

Est-ce que décembre 2012 marquera pour une raison ou pour une autre le début d'un changement profond dans nos sociétés? Est-ce que les Mayas l'ont prévu? Ont-ils voulu laisser leur calendrier en héritage afin de nous prévenir d'une nécessité de nous reconnecter aux sources sacrées de la vie pour éviter un désastre?

Notre incapacité à nous brancher sur les énergies de la nature et à reconnaître en nous sa sagesse nous rend dangereux non seulement pour nous-mêmes, mais aussi pour la survie du monde vivant. Est-ce cela que le calendrier maya doit nous montrer? Est-ce que la Nature sacrée fera entendre un grand cri de désespoir pour nous réveiller et pour que nous prenions conscience des désastres qui nous guettent?

Chapitre 9

L'accélération de l'évolution

Selon une nouvelle étude américaine d'une équipe de collaborateurs du département d'anthropologie de l'Université du Wisconsin, de l'Université de l'Utah et du département de développement d'algorithmes et d'analyse de données de l'Université de Santa Clara, il y aurait des preuves d'une récente accélération dans l'évolution humaine.

Dans cette étude, publiée le 10 décembre 2007 dans *Proceedings of the National Academy of Sciences*, les chercheurs contredisent l'idée que l'évolution serait stoppée chez l'homme moderne. Les 40 000 dernières années auraient plutôt été très chargées sur le plan des changements et des pressions évolutives.

La population humaine a connu une augmentation fulgurante dans les dernières 12 000 années. On estime qu'en l'an 10 000 avant notre ère, la population mondiale était de 5 millions d'individus. En l'an 1, ce chiffre serait passé à 250 millions. Il aura fallu environ 1 800 ans pour atteindre le premier milliard, 130 années de plus pour le deuxième milliard, 30 autres années pour le troisième, 15 ans pour le quatrième, 12 ans pour augmenter d'un autre milliard et finalement 13 ans pour le sixième milliard de personnes, chiffre atteint le 12 octobre 1999. En 200 ans, de 1800 à 2000, la population humaine mondiale s'est multipliée par six.

Pour survivre, il faut qu'une espèce s'adapte aux changements et évolue en intégrant à ses gènes des mutations au fil des générations. Il a toujours fallu des centaines, voire des milliers de générations aux mammifères pour incorporer les modifications nécessaires à l'adaptation. Le fort accroissement de la population humaine a donc été un facteur déterminant dans l'augmentation considérable de la rapidité à laquelle la «sélection positive» s'est effectuée. Dans les cinq derniers millénaires, cette sélection positive — en fait, les changements qui permettent à une espèce de s'améliorer — a été 100 fois supérieure à ce qui a pu se produire durant les millénaires précédents. Entre autres facteurs ayant contribué non seulement à l'accroissement de la population mais aussi à des mutations, il y a eu l'agriculture, la sédentarisation et les changements dans l'alimentation.

L'exposition à des maladies infectieuses a aussi contribué à des changements rapides et importants du génome*. Ainsi, on peut répertorier aujourd'hui plus d'une vingtaine d'adaptations génétiques liées à une résistance au paludisme*. Toujours selon la même étude, il y aurait un nouveau groupe sanguin mutant appelé «groupe Duffy» qui procéderait d'une adaptation à la présence du paludisme.

Le monde moderne, riche en changements, contribue à une amélioration des chances de survie dans un environnement compétitif en accroissant le rythme de l'évolution. «Nous sommes plus différents génétiquement des individus qui vivaient il y a 5 000 ans de ce qu'ils étaient eux-mêmes de Néandertal, 50 000 ans auparavant», explique John Hawks, chercheur principal du groupe de recherche. Parmi les autres changements récents analysés chez l'être humain par le groupe de recherche, notons des modifications du squelette et de la musculature, du gène permettant de digérer les produits laitiers durant toute notre vie ainsi que l'apparition d'un nouveau gène qu'on retrouve chez 10 % de la population européenne et qui serait un héritage de la lutte contre la variole. On a découvert récemment ce gène, qui agirait aussi comme protection contre le virus du sida. La sélection et l'évolution font obstacle aux agents pathogènes* et protègent les êtres humains. L'augmentation de la population mondiale de même que sa forte densité entraînent une progression beaucoup plus rapide des changements évolutifs. Les possibilités de changement augmentent logiquement avec le nombre d'individus. Lorsque la population mondiale n'était que de quelques millions de personnes, tout se réalisait à un rythme ralenti. Avec plusieurs milliards d'individus, tout va maintenant très rapidement du point de vue évolutif.

Ces observations sur l'accélération de l'adaptation et de l'évolution sont remarquables et ne sont valables que pour l'homme. Ce qui est étonnant car, très longtemps, les premiers hommes n'étaient qu'une petite espèce de primates dans la savane africaine. Pourquoi a-t-elle été la seule espèce à connaître ce fabuleux parcours? À partir d'un point critique, il n'aura fallu qu'entre 100 et 200 générations pour arriver à un homme moderne issu de très nombreuses adaptations. Plusieurs autres chercheurs et penseurs qui ont étudié les calendriers mayas et les mystères de la signification de la fin du Compte long ont fait des observations et des analyses intéressantes en rapport avec l'accélération de l'évolution. C'est un fait dont nous pouvons tous sentir les effets directs: la marche du temps est en constante accélération et l'avènement des technologies y est pour beaucoup. Ce qui se faisait en plusieurs mois il y a quelques années s'accomplit maintenant en quelques jours, et bientôt en quelques heures. C'est tout l'environnement humain qui est propulsé en avant, et les individus doivent être en constant mouvement pour suivre cette poussée inédite d'une civilisation dans l'histoire du monde.

Il y a à peine quelques siècles, les choses pouvaient rester inchangées pendant longtemps. L'être humain avait des repères qui ne bougeaient que très lentement. D'une génération à l'autre, les outils restaient presque les mêmes et un savoir pouvait se transmettre et se perfectionner sans avoir à réinventer son utilité et sa pertinence. À notre époque, la pression évolutive est très forte.

Chapitre 10

Le temps: fils du passé et père de l'avenir

La découverte du temps est récente. «Mais voyons, me direz-vous! Le temps a toujours existé.»

Oui, c'est vrai. Il a toujours existé. Tout comme l'Amérique existait longtemps avant sa découverte par les navigateurs européens.

Le temps existe depuis toujours, mais sa découverte est récente. Ou plutôt sa redécouverte, car bien sûr les Mayas et d'autres civilisations l'ont analysé, décortiqué et répertorié avec minutie et patience. Mais le temps était tombé dans l'oubli. On calculait les années, les mois, les jours, mais on avait perdu la notion de la profondeur et de l'action temporelles sur l'évolution. Ce véritable abîme profond de centaines, de milliers de siècles qui nous ramène jusqu'à la création de l'univers transporte et englobe la somme de toutes les expériences.

Il n'y a pas si longtemps, avant le 18e siècle, on croyait que l'univers n'était âgé que de quelques milliers d'années. On n'avait pas non plus conscience qu'un événement ou une personne était le résultat du passé. Le concept d'évolution dans le temps et de continuité vers la perfectibilité* n'avait pas pris place dans la pensée collective.

Puis, au 18e siècle, sous l'action non concertée des sciences naturelles, historiques et physiques, une nouvelle perspective du temps voyait le jour. Les événements, les idées, les individus, les sociétés n'étaient plus perçus comme des points sur le fil du temps, mais plutôt comme des conséquences de ce qui s'est produit avant. Tout naît du passé et donnera naissance à quelque chose d'autre dans l'avenir.

Teilhard de Chardin (1881-1955), philosophe, théologien et paléontologue français, écrivait dans *L'avenir de l'homme*: «Nous avions l'illusion de ne pas changer. Et voici que, pareils à des enfants dont les yeux se dessillent*, nous sommes en train de nous éveiller à un Monde où le Néo-Temps, organisant et dynamisant l'Espace, vient imposer à la totalité de nos connaissances et de nos croyances une structure et une allure nouvelles.»

À mon avis, les Mayas, avec leur observation du temps, mais aussi grâce à leur intuition de son lien étroit avec l'espace et l'univers, avaient pressenti, tout comme Teilhard de Chardin plusieurs millénaires plus tard, que la matière et le temps pourraient nous faire converger vers une évolution de l'humanité par une conscience plus développée.

Teilhard de Chardin prédisait la venue d'une ère où les consciences individuelles allaient s'unir dans une harmonisation. Une forme d'évolution spirituelle de l'humanité suit l'évolution de la matière dans une complexité toujours plus grande. Les molécules et l'infiniment petit s'étant uni et ayant évolué vers le vivant, la conscience évolue aussi vers l'unification et l'avènement d'un super-être humain.

«Pourquoi ne pas définir tout simplement la Vie comme la propriété spécifique de l'étoffe de l'Univers évolutivement portée jusqu'à la région des grands ensembles complexes? Et pourquoi ne pas définir le temps lui-même par la montée justement de l'Univers vers les hautes latitudes où croisent, simultanément et corrélativement*, la Complexité, la Concentration, la Centration et la Conscience?»

Pour Teilhard de Chardin, la matière, donc le biologique, est étroitement liée au temps. «Le temps organique», disait-il. Carl Calleman, biologiste suédois qui commença à s'intéresser au calendrier maya au début des années 1980, parle lui aussi de temps organique.

Pour lui, l'humanité s'élève actuellement — et malgré les apparences — vers un niveau de conscience qui l'unira avec le cosmos.

Les Mayas divisaient l'histoire du monde en neuf différents stades qui correspondent énigmatiquement avec de grands points d'évolution de l'univers et qui correspondraient aussi à des stades d'évolution de la conscience. Les Mayas avaient pleinement conscience que l'univers était très âgé; les neufs stades, les neuf Inframondes mayas, couvraient une période de 16,4 milliards d'années. Tout comme Teilhard de Chardin, Calleman, en d'autres termes, évoque qu'il y a une force encodée dans le temps poussant la matière vers une évolution. C'est le fondement qui sous-tend la conception du temps que s'étaient forgée les Mayas. Une de ces forces encodées dans le temps devrait se manifester le 21 décembre 2012.

Tableau des Inframondes mayas

Inframondes	Début	Évolution	Datation
Universel	260 jours		
Galactique	12,8 ans		
Planétaire	256 ans	Industrialisation	1743
National	5 125 ans	Apparition de l'écriture	–3100
Régional	102 000 ans	Apparition du langage	–100 000
Tribal	2 millions d'années	Premiers hommes	–2 millions
Familial	41 millions d'années	Primates	–40 millions
Mammélien	820 millions d'années	Premiers animaux	-850 millions
Cellulaire	16,4 milliards d'années	Big-bang	–15 milliards

Selon cette interprétation de Calleman des différentes périodes d'évolution de la matière et de la conscience, chacun de ces Inframondes est approximativement 20 fois plus court que le précédent. L'évolution serait donc là aussi placée dans un contexte d'accélération et de synchronicité entre matière et conscience par Calleman, tout comme Teilhard de Chardin et Sri Aurobindo l'avaient fait avant lui. Mais encore plus stupéfiant, tout comme l'avaient fait aussi les Mayas, il y a bien plus longtemps.

Nous sommes donc emportés bien malgré nous dans la spirale du temps qui s'accélère. Plus nous approchons de l'intérieur de la spirale et plus la vitesse s'accroît. Les technologies se succèdent et font paraître obsolètes des innovations à peine mises en marché.

Mais pourquoi en est-il ainsi? Si nous ne pouvons ralentir cette course, pouvons-nous la comprendre pour mieux prévoir ce qui nous attend? Si l'annonce de la fin des temps du calendrier maya avait cette seule utilité, ce serait déjà beaucoup.

Si nous observions ce qui a pu provoquer cette accélération dans le monde moderne, nous comprendrions peut-être mieux l'ensemble du phénomène. Qu'est-ce qui provoque la désuétude d'une technologie? Est-ce une nouvelle découverte qui en supplante une autre? Est-ce un virage à 180 degrés d'une façon de faire ou de penser? Est-ce qu'une innovation est véritablement une innovation? Est-ce plutôt une amélioration de ce qui existe déjà?

On n'a qu'à penser au télécopieur. Il a provoqué une révolution dans les communications, pourtant ce n'était pas une découverte mais plutôt l'amélioration d'une technologie existante. Je veux en venir au fait que l'on bâtit toujours sur ce qui a déjà existé. Chaque nouveau développement repose sur ce qui était avant. Pour qu'il y ait le télécopieur, il a fallu qu'il y ait l'électricité et le téléphone. Pour que l'ordinateur soit ce qu'il est aujourd'hui, toute une série de recherches et d'innovations, elles aussi basées sur les précédentes, ont dû être exécutées et mises au point.

Ce schéma provoque des changements de plus en plus rapides, à tel point qu'il est difficile de faire des projections sur ce que sera notre avenir. Si la cadence d'augmentation des performances des ordinateurs double tous les 16 à 24 mois, à quoi ressembleront les performances de l'ordinateur du futur? À moins qu'il y ait un point Oméga, selon l'expression de Teilhard de Chardin.

En effet, Teilhard de Chardin appelait ainsi le pôle de convergence de l'évolution qui serait une ère d'harmonisation des consciences. Chaque centre de conscience individuelle serait amené à entrer en collaboration toujours plus étroite avec les autres consciences. Ce point Oméga serait le but et la fin de l'évolution. Teilhard de Chardin croyait que le monde avait passé par plusieurs stades d'évolution. De la naissance de l'univers (cosmogenèse) à la noosphère* (sphère de pensées enveloppant la Terre) et jusqu'à l'avènement de la christogenèse, le Christ cosmique où les hommes se rassembleront pour rejoindre Dieu au point Oméga, sera l'aboutissement de l'évolution et la fin des temps.

Bien sûr, Teilhard de Chardin ne plaçait pas ses réflexions en perspective avec le calendrier maya et la fin du Compte long. Pour lui, ce point Oméga ne serait pas une réalité avant quelques milliers d'années, mais à l'époque où il a formulé sa théorie, le temps n'avait pas pris une telle accélération. Teilhard de Chardin avait pourtant fait le commentaire que l'apparition et la diffusion à grande échelle de la radio et de la télévision pourraient accélérer l'atteinte du point Oméga. Qu'aurait-il dit s'il avait connu l'ère ultrarapide de l'informatique et du numérique?

Se pourrait-il que 2012 soit le moment de contact avec le point Oméga? Les Mayas étaient-ils en possession d'une telle révélation? Ce message est-il contenu dans la grande mécanique du cosmos? Les Mayas auraient-ils entrevu la fin du temps sans comprendre sa signification, se contentant de seulement la coder dans leur calendrier?

CONCLUSION

Il est difficile de croire que nous puissions nous diriger vers une étape supérieure de l'évolution dans l'harmonie planétaire. Toutes les semaines, des massacres ont lieu, des guerres éclatent pour alourdir le bilan humanitaire, sans parler d'un environnement à l'agonie. Nous sommes plutôt en route vers un enfer que nous nous acharnons à rendre inévitable à mesure que passent les années. Si le temps s'accélère, on peut aussi constater que les sources de périls pour la survie de l'humanité sont en augmentation. Que doit-on faire? Des changements, c'est certain. Et si c'était ça, le message de la fin du cycle que nous vivons: «Agir avant qu'il ne soit trop tard.» Changeons nos attitudes et nos comportements. Ouvrons les yeux pour voir le mur vers lequel nous nous dirigeons.

L'héritage énigmatique des Mayas aura-t-il été laissé pour nous prévenir qu'un monde nouveau nous attend si nous réussissons à franchir cette dernière épreuve? Le temps s'accélère et les tensions évolutives nous poussent vers un point de rupture. Si nous réussissons à faire le bond en avant qui nous fera évoluer, le prochain monde sera probablement celui de l'âge d'or du genre humain. Une sorte de paradis sur Terre. Toutefois, les défis sont énormes et le temps presse.

Depuis trop longtemps, notre monde s'édifie sur la consommation à outrance et sur la superficialité, sur l'individualisme et le paraître. À être si éloigné de l'essentiel, méritons-nous un avenir doré?

Ma fille tire sur ma manche de chemise alors que je tape ces dernières lignes sur le clavier de mon ordinateur. Elle me regarde avec ses grands yeux rieurs: «Viens jouer avec moi, papa. Je pars en voyage en Ouran.» Et elle s'enfuit en riant.

Depuis quelques semaines, mon petit bout de chou s'est inventé un pays imaginaire. Elle va en Ouran régulièrement et elle parle d'ailleurs l'ouran à la perfection. En Ouran, le jeu est roi et l'avenir n'existe pas, tout simplement parce que le présent est très intense. Dans l'autre monde, celui dont tous les enfants hériterons de leurs parents, l'avenir existe, mais dieu qu'il est sombre. Je ferai tout pour te protéger mon petit cœur, en espérant que nous soyons nombreux à le faire pour tous les enfants de tous les pays.

LEXIQUE

ADN: la molécule d'ADN est le support de l'information génétique des êtres vivants. Cette base d'information est un peu le code d'assemblage des êtres vivants. Elle contient toute l'information qui fait que nous nous ressemblons ou que nous nous différencions.

Atlantide: île fabuleuse et légendaire de l'Atlantique qui aurait abritée une civilisation très ancienne et hautement évoluée et qui aurait été engloutie à une époque très lointaine.

Aztèques: peuple autochtone de l'Amérique centrale, formant une société militaire et conquérante fortement hiérarchisée, vers le 14e siècle.

Chaman: prêtre et guérisseur qui a la capacité de faire le pont entre le monde des esprits et celui des hommes.

Codex: nom donné aux manuscrits des peuples d'Amérique centrale.

Cosmologie: science qui étudie la structure et l'évolution de l'univers considéré dans son ensemble.

Corrélativement: qui est en relation avec un autre élément.

Darwinienne: qui est relatif à la théorie de Darwin sur l'évolution. Cette théorie présume que l'évolution des espèces biologiques résulte d'une sélection naturelle découlant d'une lutte concurrentielle pour la nourriture et la reproduction.

Dessiller: action d'amener quelqu'un à voir ce qu'il ignorait.

Détroit de Béring: détroit entre l'Amérique et l'Asie, réunissant l'océan Pacifique nord à l'océan Arctique. Il doit son nom au navigateur danois Vitus Bering (1681-1741).

Galaxie: vaste ensemble d'étoiles. Lorsqu'écrit avec une majuscule, signifie notre galaxie, la Voie lactée.

Galactocentrique: qui est considéré en rapport avec la Galaxie, prise pour centre.

Génome: ensemble des gènes d'une espèce. Le génome humain comporte 25 000 gènes.

Géocentrique: qui est mesuré et considéré par rapport à la Terre, prise comme centre.

Glyphe: en archéologie, signe de l'écriture pictographique des Mayas.

Héliocentrique: qui est mesuré, considéré en rapport avec le Soleil pris comme centre de référence.

Hominidés: famille à laquelle appartiennent l'homme actuel et ses ancêtres.

Indus: fleuve d'Asie long de 3 040 km. Il prend sa source au Tibet et se jette dans la mer d'Oman. L'Indus traverse le Cachemire et le Pakistan. Ses rives virent l'apogée d'une civilisation avancée, dite de l'Indus, du troisième au deuxième millénaire avant J.C. Cette société était entre autres caractérisée par une architecture urbaine élaborée et par une écriture pictographique encore indéchiffrée.

Magma terrestre: Masse épaisse et visqueuse qui se forme à l'intérieur de la Terre par fusion partielle du manteau supérieur ou de croûte terrestre. C'est le magma qui sort des volcans et que l'on nomme lave.

Magnétosphère: Zone dans laquelle le champ magnétique d'une planète se trouve confiné par le vent solaire.

Noosphère: couche ceinturant la Terre et qui est le réceptacle de toutes les pensées et les connaissances humaines, une sorte de conscience collective qui engloberait toutes les activités intellectuelles. Notre cerveau ferait partie de la noosphère et y serait connecté par son hémisphère gauche.

Olmèques: peuple ancien du Mexique actuel ayant connu son apogée entre 1200 et 600 avant J.C.

Paludisme: Maladie parasitaire aussi appelée malaria.

Pathogène: qui peut provoquer une maladie.

Perfectibilité: caractère de ce qui peut être perfectionné.

Pergélisol: partie du sol gelée en permanence dans les régions nordiques.

Plaques lithosphériques: surfaces rigides, mais mobiles, de plusieurs dizaines de kilomètres d'épaisseur qui constituent avec d'autres semblables l'enveloppe rocheuse et solide de la Terre. Leurs mouvements est à l'origine, entre autres, des tremblements de terre, des éruptions volcaniques et de la formation des chaînes de montagnes.

Plasma: en physique, fluide composé de molécules gazeuses, d'ions et d'électrons. Le plasma est considéré comme le quatrième état de la matière, les trois autres étant le solide, le liquide et le gaz.

Précession des équinoxes: mouvement conique très lent qu'effectue l'axe de rotation de la Terre autour d'une position moyenne, et qui est dû à l'attraction gravitationnelle du Soleil et de la Lune sur le renflement équatorial de notre planète.

Stèle: monument vertical orné de symboles ou d'écritures.

Témoins de Jéhovah: groupe religieux fondé aux États-Unis vers 1874 et attaché à une compréhension très littérale de la Bible.

Imprimé au Canada.